ZAINICHI ISSEI GA KATARU
SENSO TO SHOKUMINCHI NO JIDAI O IKITE
by Jongwon Paik
© 2010 by Jongwon Paik
First published 2010 by Iwanami Shoten, Publishers, Tokyo.
This Korean edition published 2012 by Samcheolli Publishing Co., Seoul,
by arrangement with the proprietor c/o Iwanami Shoten, Publishers
through BC Agency

조선 사람
재일조선인 1세가 겪은 20세기

지은이 백종원
편 집 손소전
디자인 김미영
펴낸이 송병섭
펴낸곳 삼천리
등 록 제312-2008-121호
주 소 121-820 서울시 마포구 망원동 376-12
전 화 02) 711-1197
팩 스 02) 6008-0436
이메일 bssong45@hanmail.net

1판 1쇄 2012년 9월 14일

값 14,000원
ISBN 978-89-94898-11-7 03910
한국어판 © 삼천리 2012

재일조선인 1세가 겪은 20세기

조선 사람

백종원 지음

삼천리

우리말판 머리말

　타향살이가 오래되고 세월이 흘러갈수록 고향 생각, 조국 땅에 대한 그리움은 깊어만 갑니다. 인생의 대부분을 거의 일본에서 보내고 아흔 고개를 바라보게 된 나는 잠들지 못하는 밤 이런 생각에 잠기곤 합니다.

　여러 가지 사정으로 조국 남녘땅을 찾아갈 수 없는 나는, 이번에 쓴 책이 삼천리출판사에서 출판되어 작은 글이나마 남녘땅에 가닿게 된 것을 무척 기쁘게 생각합니다. 이 책을 통해 남녘 독자들이 재일동포들의 실정을 이해하는 데 조금이나마 도움이 되길 바라는 바입니다.

　재일동포들은 많은 경우 일제 시기에 강제로 끌려가, 해방 후에도 부득이한 사정으로 일본에 머물고 있는 사람들입니다. 이것은 오늘날 세계 여러 나라들에 자기 의사로 이주하여 살고 있는 동포와는 구별되는 재일동포의 역사적·사회적 특징입니다. 지금 재일동포 사회의 근간을 이루고 있는 이들은 이러한 1세와 그 자손들입니다.

재일동포들은 해방 직후부터 오늘까지 민족교육을 기본으로 한 권리를 지키며 조국통일을 위한 사업을 쉼 없이 계속해 왔습니다. 우리 민족에 대한 멸시와 차별이 뿌리 깊이 남아 있는 일본 사회에서 일본 정부의 적대 정책을 물리치면서 민족운동을 벌이는 데는 힘겨운 일도 많습니다. 이러한 재일동포들의 운동은 미 점령군과 일본 정부의 탄압과 박해 정책에 맞서 싸워 온 역사라고 해도 과언이 아닐 것입니다.

해방 직후에 민족 조직을 꾸리고 동포들을 단결시키며 운동의 기초를 닦은 것은 재일동포 1세들입니다. 또한 장기간에 걸친 어려운 투쟁을 떠받드는 기둥이 된 것도 1세들입니다. 1세 동포들이 민족심이 강한 것은 참담한 일제 식민통치를 몸소 체험했으며, "나라 없는 백성은 상갓집 개보다 못하다"는 말을 골수에 사무치게 느끼고 있기 때문입니다.

일제 시기에 나는 남만주를 유랑하는 가족을 따라 소년 시절을 보내면서 부모님들이 일본 사람과 중국 사람으로부터 참기 어려운 모욕을 당하며 박해를 받고 있는 것을 보았습니다. 그때 우리에게는 조국이 없었습니다. 넓은 하늘 아래 우리의 고통스러운 처지를 호소할 데라고는 그 어디에도 없었으며 우리가 기댈 곳도 전혀 없었습니다. 나는 어렸지만 이것이 일제에게 나라를 빼앗겼기 때문이라는 것을 잘 알 수 있었습니다.

나는 일본에서 해방을 맞이하고 70년이라는 긴 세월을 여전히 이곳에서 보내고 있으나, 우리들의 처지는 일제 식민지 시대와 달라진 것이 없습니다. 본디 하나의 민족이 외세에 의해 생나무가 잘려 나가듯 분열되었기 때문입니다.

해방 이후 해외에서 살아가는 우리 재일동포들의 운명은 겨레의 운명과 직결되어 있으며, 민족이 수난의 길을 걷고 있을 때 해외에 사는 우리들도 결코 행복할 수 없다는 것을 절실히 느끼고 있습니다. 조국통일과 민족의 권리를 위하여 한 걸음도 물러서지 않고 싸워 온 재일조선인 운동의 근저에는 바로 그러한 생각이 놓여 있습니다.

해방 이후 오늘에 이르는 역사는 그 어떤 탄압과 박해도 재일동포들의 이 굳은 의지를 꺾을 수 없었다는 것을 보여 주었습니다. 일본을 점령한 절대 지배자 맥아더는 조선전쟁을 앞두고 우리 민족교육을 뿌리째 없애 버리려고 '학교폐쇄령'을 내리고 재일동포들에 대한 갖은 탄압을 다했습니다. 이 미국인은 조선 사람을 잘못 보았습니다. 결국 패전의 책임을 추궁당하고 파면된 맥아더는 "노병은 사라질 뿐"이라는 한마디를 내뱉고 사라졌습니다.

하지만 우리 민족교육의 횃불은 결코 꺼지지 않았습니다. 엄혹한 시련을 견디면서 민족교육은 계속 발전했으며, 오늘날 유치원에서부터 대학에 이르는 정연한 체계를 갖추고 많은 학생들을 떳떳한 조선 사람으로 키우고 있습니다.

자기의 주체적인 힘을 믿고 단결하여 싸울 때 그 어떤 고난도 극복할 수 있다는 것을 재일동포들은 실제 투쟁을 통하여 체험했습니다. 나는 해외에 있으면서도 민족의 존엄을 지키고 있는 재일동포의 한 사람이라는 것을 자랑스럽게 생각합니다.

우리 겨레는 남북을 합치면 인구 7천만을 웃도는 큰 나라가 됩니다. 북에는 풍부한 지하자원과 발전된 공업이 있습니다. 남에는 경제력이 높은 수준에 있고 너른 들판에는 농산물이 풍부합니다. 우리가 바라는 것은 남과 북이 하나로 통일된 조국입니다. 남북을 합치면 우리 겨레는 당당한 통일 민족으로 남부럽지 않게 살 수 있습니다.

6·15 공동선언과 10·4 선언은 남북이 서로 상부상조하고 유무상통(有無相通)하면서 통일과 번영으로 나아가는 대로를 열어 놓았습니다. 재일동포들은 이것만이 민족 화해와 통일을 이룩하는 길이라고 생각합니다.

해방 전에는 망국의 설움을 안고 살아왔고 해방 후에는 분열의 고통을 다 겪어 온 재일동포 1세들은, 살아 있는 동안에 꼭 이런 기쁜 날을 맞이하고 싶다는 절절한 소원을 가슴 깊이 간직하고 있습니다.

오늘날 우리나라를 둘러싼 정세는 크게 바뀌고 있습니다. 조국통일을 위한 힘겨운 과정은 앞으로도 계속되겠지만, 오랜 세월 굴하지 않고 투쟁을 벌여 온 우리들의 앞길에는 조국통일의 여명이 다가오고 있다고 저는 확신합니다.

지금 재일동포 사회에서는, 세대교체가 급속히 진행되고 있고 일제 시기 민족 수난의 역사를 잘 모르는 젊은 세대가 동포 사회의 중심에 나서고 있습니다. 재일 1세들의 간절한 소원은 우리 젊은 세대들이 과거의 역사를 깊이 배우고 교훈을 찾으며 1세들이 피와 땀으로 쌓아 올린 애국애족 운동을 잘 이어 가는 것입니다.

현재 일본에 거주하는 약 60만 재일동포는 98퍼센트가 남녘에 고향을 둔 사람들입니다. 일제 시기 고향 땅에서 강제로 일본에 끌려와 갖은 고초를 겪은 재일동포들은 참담한 일제 식민통치의 큰 피해자들입니다.

일본의 남쪽 규슈 탄광 지대의 지하 깊은 막장에는 지금도 무참히 희생된 수많은 동포들이 원한을 품은 채 파묻혀 있습니다. 재일동포는 이러한 민족 수난의 역사를 전하는 산 증인이라고 할 수 있습니다.

재일동포들은 지금도 심한 민족적 멸시와 차별, 박해 속에서 생활하고 있습니다. 재일동포는 해방 직후부터 자기 조직을 꾸리고 민족의 권리를 지키며 조국통일을 위하여 끊임없이 투쟁을 벌여 왔습니다. 오늘날 재일본조선인총연합회(조선총련)에 결집된 재일동포는 그 활동이 보여 주는 바와 같이 우리 해외교포 운동의 중심에 서 있으며 조국통일의 일익을 담당하고 있는 믿음직한 역량입니다.

그러나 이승만, 박정희 군사독재 정권 이래 재일동포의 진면목은 남녘땅에 잘 전해지지 않고 있으며, 특히 최근 들어 남북 관계가 악화됨에 따라 이런 경향은 더욱 심해지고 있습니다.

원래 일본에서 출간된 이 책은 일제 식민지 시기를 중심으로 엮은 것이며 오늘날 재일동포의 실정에 대해서는 충분히 언급하지 못했습니다. 그래서 여기서는 남녘 독자들의 이해를 돕기 위해 재일동포의 현황에 대하여 개괄적이나마 다소 덧붙이고자 합니다.

오늘날 일본의 형편은 크게 변화하고 있습니다. 내각 총리가 거의 1년에 한 번씩 바뀌는 정치적 불안정이 계속 이어지고 경제 상황도 줄곧 침체되고 있습니다. 해마다 3만 명이 넘는 자살자가 10여 년 동안이나 이어지고 있고 빈부 격차도 더욱 심해지고 있습니다.

이런 상황은 일본 사회에 희망이 없는 경색된 분위기와 민족 배타주의를 조성하고 있습니다. 재일동포는 일본 경제 악화로 생활이 더욱 곤란해진 데다가 설상가상으로 민족적 압박까지 받고 있습니다.

독도가 자기네 고유한 영토라는 황당무계한 생억지를 부리며 '종군위안부' 문제에 대해서도 사죄할 생각이 없다는 파렴치한 일본 정부의 태도에서 가혹한 식민통치에 대한 사죄의 뜻이나 반성을 찾아볼 수 없습니다.

재일동포에 대한 일본 정부의 정책은 오늘날까지 해방된 민족,

독립국가 공민으로서가 아니라 치안과 감시의 대상으로 취급하는 것으로 일관하고 있습니다. 재일동포 조직과 민족학교에 대한 집요한 탄압은 여기에 뿌리를 둔 것입니다. 재일동포들에게 가해진 유혈 탄압과 방화, 파괴, 협박, 여학생의 치마저고리를 칼로 째는 등 박해는 일본이 해방 후 '평화적 민주국가'를 표방하고 있으나, 우리 민족에 대한 침략 본성과 멸시는 조금도 변한 것이 없다는 점을 보여 줍니다.

조선전쟁을 앞두고 조선인연맹(조련)과 민주청년동맹(민청)에 대한 전국적 탄압은 참으로 가혹했습니다. 중앙 기관에서 말단 분회에 이르는 전 조직을 해산시키고 전 재산을 몰수한 대탄압은 일본에서는 전례가 없는 철저한 것이었습니다. 일본 당국자는 이때 "조선인 조직을 뿌리째 뽑았으니, 이제는 안심이다" 하며 장담했다고 합니다.

재일동포는 모든 것을 빼앗기고 완전히 감금 상태에 놓인 엄혹한 상태에서 조직 재건을 위해 간고한 투쟁에 나섰습니다. 그간 노선 상의 오류도 있었고 이러저러한 우여곡절을 겪었으나 마침내 1955년 5월 25일 조선총련으로 결실을 보았습니다. 민족의 권리 옹호와 조국통일의 강령을 내세운 조선총련은 상공인, 청년, 여성, 문화예술인, 과학자, 종교인, 체육인 등 광범한 동포들을 망라한 조직이며 국제적으로도 위신 있는 단체로 인정받고 있습니다.

10만 명에 가까운 재일동포가 북으로 귀국한 사업은 재일동포

운동을 크게 북돋우는 계기가 되었습니다. 그러나 총련 결성 이후에도 동화교육을 다시 강요하려는 일본 정부의 '외국인학교법'에 반대하여 재일동포는 10년에 걸친 힘겨운 투쟁을 또 계속해야 했습니다.

민족교육은 재일조선인 운동의 생명선이라고 할 수 있습니다. 재일동포의 생활과 염원을 이해하기 위해서는 민족교육의 실태를 보는 것이 중요합니다. 입학식, 운동회, 학예회, 졸업식은 동포들이 모이고 소식을 나누며 친목을 다지는 마당입니다. 타향에서 흩어져 사는 재일동포들에게 학교는 마음의 기둥이기도 합니다.

서울에서 온 영화감독이 3년에 걸쳐 홋카이도초중고급학교를 찍은 기록영화 〈우리 학교〉는 남녘 동포들에게 큰 감동을 주었다고 들었습니다.

홋카이도는 넓은 지역인데, 우리 학교는 하나밖에 없습니다. 최북단에 있는 왓카나이(稚內)에서 우리 학교에 입학하는 학생은 수백 킬로미터나 떨어진 삿포로까지 가서 기숙사 생활을 해야 합니다. 부모님 품을 떠나 갓 입학한 어린아이는 어머니가 그리워 밤중에 울기도 합니다. 그럴 때는 상급생인 오빠, 언니가 돌보아 줍니다.

여기에, 딸을 학교로 보내는 한 어머니의 심정을 담은 노래 하나를 소개합니다.

조선의 꽃으로 너를 피우리

어린 딸아 언제면 네가 아는지
멀리 멀리 기숙사로 보내는 이 마음
아침마다 너의 머리 빗어주지 못해도
저녁마다 숙제공부 보아주지 못해도
네 작은 가슴에 민족의 넋을 심어
조선의 꽃으로 피우리 너를 피우리

어린 딸아 크며는 너도 알거라
멀리 멀리 기숙사로 떠나는 이 아침
아직은 엄마품이 그리운 네건만
꿈에도 보고싶은 정다운 집이건만
네 작은 가슴에 조국의 해빛을 뿌려
조선의 꽃으로 피우리 너를 피우리

여러 가지 불편을 무릅쓰고 사랑하는 아이를 우리 학교에 맡기는 학부모들이 간직하고 있는 것은 아이를 떳떳한 조선 사람으로 키우겠다는 뜨거운 심정입니다. 탄압과 박해 속에서 우리 학교를 지켜 온 힘은 바로 여기에 있습니다.

재일동포들이 민족교육을 지키기 위하여 힘겨운 투쟁을 이어가고 있을 때 조선민주주의인민공화국에서 교육 원조비와 장학금이 왔습니다. 재일동포들의 역사에서 나라에서 돈을 보내왔다는 것은 일찍이 없는 놀라운 일이었습니다. 이 돈을 받아 안았을 때, 재일동포들은 조국을 멀리 떠나 해외에 살고 있으나 조국은 우리를 결코 잊지 않고 동포애로 한품에 안아 주고 있다는 것을 느꼈습니다.

1957년부터 시작된 재일동포들의 민족교육을 지원하는 사업은 오늘까지 계속되고 있습니다. 1994년 이후 북녘 인민들이 '고난의 행군'을 하고 있던 그 엄혹한 나날에도 교육 원조비와 장학금이 끊어진 때는 없었습니다. 이 교육 원조비와 장학금은 오늘까지 158차례에 걸쳐 무려 469억2천505만 엔(한국 돈으로 환산하면 약 6,757억 원)에 달합니다. 이 돈은 우리 민족교육의 생명수가 되었습니다.

현재 조선총련은 대학 하나와 10개의 고등학교, 33개의 중급학교, 55개의 초급학교, 39개의 유치원을 운영하고 있으며, 1만5천 명의 조선대학교 졸업생을 비롯하여 민족교육을 받은 학생이 약 10만 명에 달합니다. 이들은 우리 기관, 학교, 동포 기업을 비롯하여 변호사, 공인회계사, 의사, 일본 대학의 교수 등 각계에 진출하여 우리 운동의 역사를 이어 가고 있습니다.

WBC 세계 챔피언에 등극했을 때 통일기를 휘날리며 "조국통일 만세!"를 외친 홍창수 선수는 도쿄조고 출신입니다.

남아공 월드컵에 조선민주주의인민공화국 대표로 출장하여 주목을 받은 한국 국적의 정대세 선수는 아이치조고를 거쳐 조선대학교를 졸업했습니다. 마찬가지로 함께 월드컵에서 뛰었고 K리그 프로축구 선수로 활약한 안영학 선수는 도쿄조고 출신입니다.

오늘날 우리 재일동포들은 '고등학교 무상화'를 요구하며 2년째 투쟁하고 있습니다. 일본 정부는 2010년 4월에 전국 고등학교 학생의 수업료를 면제하는 법을 제정했는데, 다른 외국인 학교는 모두 이 법을 적용하면서 유독 우리 고등학교만은 제외했습니다. 이것은 명백한 민족 차별입니다.

우리 고등학교는 각 지자체가 정식으로 인정한 학교이며 재일동포는 정부에 거액의 세금을 내고 있습니다. 이 법은 본디 학부모들의 부담을 덜어 준다는 취지로 제정된 것이며 정치 문제와는 아무런 관계가 없는 것입니다. 그럼에도 '외교 관계' 운운하면서 교육 문제에 차별 정책을 노골적으로 끌어들이는 일본 정부의 처사를 우리는 허용할 수 없습니다.

우리는 이 문제를 인종차별철폐조약 위반으로 유엔에 제소했으며, 국제 여론에 널리 호소하면서 우리의 정당한 요구가 실현될 때까지 싸울 것입니다. 재일동포들의 억울한 처지는 조국이 통일될 때 근본적으로 해결될 것입니다.

나는 조국통일을 생각할 때 언제나 1991년 3월 일본 지바에서 열린 제41회 세계탁구선수권대회에 남북이 통일 팀으로 참가하여 여자 팀이 우승한 감격적인 나날을 떠올립니다.

당시 조선총련의 체육 부문을 담당했고 통일 팀 사업에 관여하고 있던 나는 3월 25일 북과 남의 선수단이 상봉할 때의 광경을 잊을 수 없습니다. 이날 나리타공항에서 통일 팀의 단장이 된 북측 대표와 총감독이 된 남측 대표가 굳게 악수했습니다. 그것은 우리가 오랜 기간 염원해 오던 꿈 같은 통일 팀이 현실로 이루어진 순간이었습니다.

이때 일본에서는 이런저런 말들이 돌았습니다. 사회제도와 사상이 다르고 훈련 방법이나 생활습관도 다른 두 팀은 분명히 잘 어울리지 않을 것이며 경기에서 아무런 성과도 올리지 못할 것이다…….

솔직히 말해서 나도 걱정스러워 가끔 훈련장을 들여다보곤 했습니다. 그러나 그것은 기우였습니다. 피는 물보다 진한 것이었습니다. 남북 선수와 감독들이 서로 오빠, 선생님이라고 부르는 훈련장의 따뜻한 분위기는 우리나라가 이미 통일이 된 것 같은 착각조차 느끼게 했습니다.

여자 결승전에 올라간 우리 팀의 상대는 중국 팀이었습니다. 중국 팀은 이때까지 16년 동안이나 세계 여자 탁구계의 여왕으로 불패를 자랑하는 강호였습니다. 우승을 결정하는 결승 단식전에는 북의 류순복 선수가 출장했습니다.

경기는 일전일퇴의 백열전이 벌어졌습니다. 드디어 경기는 20대 19, 우리가 한 점만 넣으면 우승이 결정되는 아슬아슬한 순간 류순복 선수의 일격이 성공했습니다.

아무도 예상하지 못한 승리를 우리가 해냈습니다. 우리 통일 팀이 강호 중국 팀을 누르고 세계를 제패했습니다. 시상대에 통일기가 오르고 통일 팀의 노래 '아리랑'이 장내에 울려 퍼질 때 선수들도 동포들도 북받쳐 오르는 감격의 눈물을 흘렸습니다. 이때 우리 모두가 가슴 깊이 간직한 것은 우리는 한민족이라는 뜨거운 일체감이었습니다. 그리고 우리 민족은 하나, 조국도 하나이며 남과 북의 차이는 민족의 이익을 앞세울 때 얼마든지 극복할 수 있다는 신념입니다.

강호 중국 팀을 꺾고 이긴 경험은 또한 우리 민족이 하나로 단결하면 반드시 큰 힘을 발휘하고 빛나는 성과를 거둘 수 있다는 민족적 자부심과 긍지입니다. 우리 민족은 근면하고 슬기로운 민족입니다. 그 힘이 어찌 탁구로만 그치겠습니까. 남북이 힘을 합칠 때 우리 민족은 강대하고 번영하는 나라로 서게 될 것입니다.

남녘땅은 대통령 선거를 앞두고 정치의 계절에 들어서고 있습니다. 재일동포들이 간절히 바라는 것은 대결이 아니라 화해와 평화를 지향하는 정권입니다.

지난해 서해에서 포격전이 있었을 때 재일동포들은 일촉즉발의 사태를 우려했으며, 이런 위기는 절대로 또다시 일어나서는 안 된다고 생각했습니다.

최근 남녘의 언론 매체나 정부 성명 등에서 압력을 가하면 북은 와해될 거라는 논조를 자주 봅니다. 이것은 일본 정부도 수십 년 전부터 되풀이해 온 말입니다. 하지만 북은 와해되지 않고 있습니다.

　1994년 이래 김일성 주석 서거, 계속되는 자연재해와 소련 붕괴 등으로 북은 '고난의 행군'이라는 최악의 상태에 놓여 있었습니다. 그러나 이 엄청난 시련을 이겨 낸 북은 오늘날 10만 세대 주택 건설, 대수력발전소, 동해의 단천에 새로운 무역항을 건설하는 등 대규모 사업을 벌이고 있습니다.

　새로 지도자로 등장한 김정은 국방위원회 제1위원장은 큰 기대 속에서 조국통일과 강성국가 건설을 지향하여 '21세기 산업혁명'을 다그칠 것을 호소하고 있습니다. 최근 북을 방문한 많은 일본 사람들은 평양이 크게 변모되어 가고 "일본에서 들은 것과 자기가 본 현실이 너무나도 다르다"고 말하고 있습니다.

　북이 붕괴한다면 이미 '고난의 행군' 시기에 붕괴되었을 것입니다. 그러나 북은 오늘날 경제력을 회복하고 큰 군사력을 보유하고 있으며 중국 · 러시아와 우호협조 관계를 계속 다지고 있습니다. 이것이 오늘의 현실입니다.

　한국군은 최근에 해방 이래 한 번도 없었던 일본 자위대까지 끌어들여 한미합동 핵공격 연습을 벌였으며, 최근에도 사상 최대 규모의 한미합동 연습을 장기간 계속한다고 보도한 바 있습니다. 백년 숙적인 일본까지 끌어들여 동족인 북을 친다는 대결 정책은 동족상잔으로 나아가는 무모한 행위라 아니할 수 없습니다. '고난의 행군'을 이겨 내고 오늘날 막강한 군사력을 가지고 강성국가 건설로 나아가는 북을 압박하고 붕괴시키겠다는 것은 터무니

없는 위험한 망상이라 하겠습니다.

6·15 공동선언, 10·4 선언은 대결이 아니라 화해와 평화, 남북이 상부상조·유무상통하면서 공영하는 길을 열었습니다. 6·15 공동선언이 나온 이후 수많은 사람들이 남북을 오가고 개성공단, 금강산 관광 등 모든 사업이 민족 화해로 이어지는 방향으로 나아갔습니다. 10·4 선언이 실천되었다면 서해에도 평화안전 수역이 설정되어 남북의 어선들이 평화롭게 오가고 있을 것이고, 포격전은 결코 일어나지 않았을 것입니다.

두 선언은 난국을 타개하는 우리 민족의 예지와 힘을 보여 주었습니다. 슬기롭고 근면한 우리 민족은 반드시 화해와 통일의 날을 맞이할 것이라고 확신합니다.

오늘날 재일동포가 절실히 바라는 것은 다름 아닌 화해와 평화입니다. 조국통일의 중요한 일익을 담당하는 재일동포들은 북과 남의 동포들과 힘을 합쳐 영광의 날을 맞이하기 위하여 변함없이 자기 본분을 다할 것입니다.

일본에서 출판된 이 책은 원래 《戰爭と植民地の時代に生きて》 (岩波書店, 2010)라는 제목으로 재일동포 3세, 4세와 일본 청년들을 대상으로 쓴 것입니다. 우리 겨레와 재일동포가 지나온 곡절 많은 걸음을 엮은 이 책은, 암담한 일제 식민지 시기 조선·만주·일본에서 살아왔고 여러 가지 일들을 직접 체험한 노인의 사소한 역사 증언이라고도 할 수 있습니다.

남녘 동포들, 특히 일제 식민통치 아래에서 우리 민족이 겪은 고통과 불행을 체험하지 못한 젊은 세대들이 재일동포들의 역사와 삶, 그 염원들을 이해하는 데 참고가 된다면 지은이로서 이보다 기쁜 일은 없을 것입니다.

2012년 6월 도쿄에서

백종원

머리말

  속절없이 흐르는 세월은 참으로 빨라 어느덧 내 나이 아흔에 가까운 노인이 되었다. 때때로 지금껏 걸어온 길을 다시금 되돌아보면 새삼 이런저런 일들이 많았구나 하는 감회가 든다. 우리 세대는 만주사변, 중일전쟁, 태평양전쟁, 그 사이에 상하이 사건 (1932년) 그리고 실제로는 큰 전쟁이라 할 수 있는 노몬한 사건 (1939년)을 겪었다. 거의 전쟁 속에서 자라나 전쟁 속에서 살아온 것이나 다름없다. 우리 조선 사람들은 일본 제국주의의 가혹한 식민지 지배를 받았으며 게다가 전쟁의 중압과 공포 속에서 살아야 했다.

  나는 이런 식민지 지배와 전쟁이라는 암담한 시기를 지나왔고 일본이 패전함으로써 잠깐이나마 해방의 기쁨도 맛보았다. 하지만 기나긴 민족 분단으로 고통스러운 시대를 살아오면서, 조선·만주−일본으로 이어지는 온갖 체험 속에 생활해 왔다. 이렇게 말하면 파란만장한 인생이라고 생각할지도 모르겠지만, 이런 삶은 그 시절에 태어난 수많은 조선 사람들에게 낯선 것은 아니니 나만이 특별한 경험을 했다고 볼 수 없다.

올해는 '한일합병' 100년이 되는 해이다. 오늘날의 젊은 세대는 평화로운 환경에서 높은 경제성장기에 살아왔기에 식민지에 대한 억압이 얼마다 가혹하고 비참했는지, 전쟁이라는 게 얼마나 공포스럽고 야만적인 것인지 몸소 겪지 않았다. 또 일본 학교에서는 역사, 특히 현대사에 관하여 충분히 공부하지 않는다는 얘기도 듣고 있다. 하여 나는 이 책에서 스스로 겪은 체험이나 보고 들은 일뿐 아니라 될 수 있으면 시대적 배경에 관해서도 이야기할 생각이다.

누구 할 것 없이 조선 사람의 절실한 소원은 조국통일이다. 나라 밖에 살고 있는 재일동포의 운명은 조국의 운명과 따로 떨어져 있는 게 아니다. 오늘날 우리 조선 민중들이 겪고 있는 모든 고통과 불행은 다 조국 분단에서 비롯된 것이다. 해방 이래 60여 년 동안 재일조선인은 온갖 고난을 견뎌 내면서 조국통일을 위해 주저 없이 투쟁해 왔다. 동포들과 함께 나도 민족의 불행을 이겨 내고 통일을 이루기 위한 길을 함께 걸어 왔다고 자부한다.

어떻게 보면 이 책은 복잡다단한 시대를 지나온 '살아남은 자'의 증언이라고도 할 수 있겠다. 나는 재일조선인 1세로서 우리 세대가 전쟁과 식민지 시대를 어떻게 살았고 무엇을 생각하고 있었던가에 관해 나름대로 젊은이들에게 이야기하고픈 마음이 간절하다.

　이 책을 출간하는 데 이와나미서점 편집부의 히라다 씨와《세카이》부편집장 기요미야 씨가 애써 주었다. 또 언론인 기무라 씨와 니와타 씨에게 도움을 받았고 평론가 이동기 씨, 잡지《이어》편집장 금기철 씨한테서도 조언을 들었다. 이분들의 도움이 없었다면 '후기 고령자'인 내가 집필을 이어 가기 어려웠을 것이다. 이분들께 감사드린다.

2010년 4월

백종원

차례

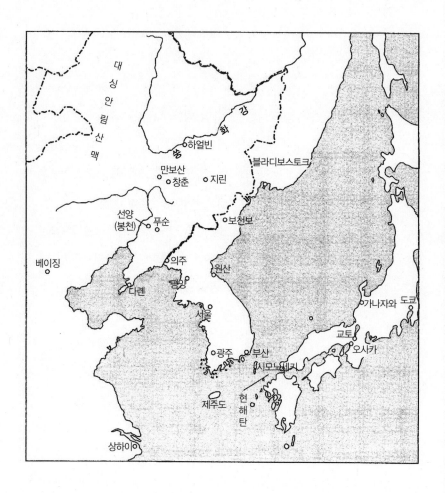

1장

빼앗긴 조국

1. 압록강변의 내 고향, 의주

우리나라 최북단을 흐르는 압록강은 2천 리(800킬로미터)가 넘
는 긴 강으로, 백두산 일대의 밀림에서 벌채한 목재로 엮은 뗏목
이 유명하다. 하늘을 검붉게 물들이는 저녁놀을 한껏 받을 무렵,
험난한 물결을 이겨 내며 고독한 여정을 끝낸 뱃사공이 애절한
뱃노래와 함께 뗏목을 저으며 하구로 사라져 가는 정경은, 압록
강의 풍물시이기도 하고 어린 내 마음속 깊이 새겨져 있는 이미
지이기도 하다.

내 고향은 압록강 하구 가까이에 있는 평안북도 의주군 위원면
이다. 생각해 보니 고향을 떠난 지 어느덧 60여 년이 흘렀다. 그
옛날 꿈 많던 소년은 이제 타향에서 백발노인이 되었지만, 기쁠
때나 슬플 때나 어디에 있든 늘 그리운 곳이 압록강변의 내 고향
이다.

우리나라는 조선시대에 팔도로 나뉘어져 있었는데, 각 지방마

다 인정과 기풍을 간결하게 평하는 사자성어가 있다. 이를테면, 우아한 경기도는 경중미인(鏡中美人), 양반이 많은 충청도는 청풍명월(淸風明月), 온후한 강원도는 암하노불(巖下老佛)이라고들 한다. 평안도의 경우는 맹호출림(猛虎出林)이라 하여 용감한 기질을 지니고 있는 지방이라고 말한다.

지리지《신증동국여지승람》에서도, 의주 사람은 "풍기강경 선사어"(風氣强勁 善射御)라 하여 강인하고 용감하여 말타기와 활쏘기에 능하다고 기록하고 있다. 일찍이 이 지방을 차지하여 동방의 강대국임을 과시한 고구려 사람들의 강건한 기상이 숨 쉬고 있다고나 할까.

의주군 위원면은 북방 민족의 침략에 대비하여 쌓은 백마산성이 시작되는 곳으로, 중앙정부에 긴급사태를 알리던 봉수대 유적이 지금도 남아 있다. '위원'(威遠)이라는 마을 이름은 최전선에 있는 방어 거점으로서 여진, 거란, 요, 금 등 멀리서 침략해 오는 외적을 물리친다는 뜻을 담고 있다.

의주는 압록강을 사이에 두고 중국과 마주하고 있는 지리적 여건 때문에 조선시대에는 외교와 무역, 교통에서 중요한 위치를 차지하고 있었다. 도요토미 히데요시가 침략했을 때는 왕실이 이곳까지 피란을 왔는데, 그때 왕족 일가가 머물던 통군정(統軍亭)이라는 누각이 지금도 남아 있다.

박지원(1737~1805년)은 일찍부터 지동설을 주장하고《양반전》과《허생전》같은 작품에서 무능한 귀족 계급과 관료를 통렬하게

압록강 풍경

비판한 실학파의 거두이다. 그는 연행사를 수행하여 중국에 갔을 때 정치, 경제, 문화, 과학에 두루 걸친 견문을 기록한 우리나라 기행문학의 금자탑이라 일컫는《열하일기》를 남겼다. 이 책은 지은이 자신이 통군정 아래 있는 구룡진 나루터에서 압록강을 건너는 장면으로 시작된다.

이런 의주 위원 땅에는 예로부터 백씨 성을 가진 사람이 많이 살고 있었다. 마을 한가운데에는, 여름에는 차갑고 겨울에는 안개가 자욱한 샘이 하나 있다. 다른 성씨를 가진 사람이 다가오면 큰 범이 나타나서 쫓아 버렸다는 전설이 내려오는 것으로 미루어 보건대, 예부터 백씨들만의 씨족공동체를 이루어 오래도록 살아온 흔적이 아닐까 생각된다. 위원은 바위틈에서 솟아나는 약수로 유명하다. 이 물로 밥을 지으면 적갈색을 띠어 약효를 잘 보여 주는데, 다른 지방에서도 여기까지 와서 물을 길어 가는 사람들이 많았다.

우리 선조들은 대대로 수백 년에 걸쳐 토지를 일구며 이곳에서 생활해 왔다. 이토록 유서 깊은 고향을 나는 자랑스럽게 생각하며 가슴 깊이 사랑한다.

2. 러일전쟁과 일본 제국주의의 조선 침략

예부터 우리 집은 이 고향 마을에서 가난하지만 일가친척들과 더불어 오순도순 살아왔다. 하지만 일본 제국주의가 조선을 침략하기 시작하면서 생활을 송두리째 바꾸어 놓았다.

1904년 러일전쟁의 발발과 함께 일본 제국주의의 조선 침략은 한층 더 심해졌다.

메이지유신 이래 일본의 앞날과 대외관계를 정하는 과정에서 무엇보다 중요한 계기가 된 것은 '정한론,' 청일전쟁, 러일전쟁인데, 이 모두가 조선과 관련이 있다. 조선과 중국을 놓고 제정 러시아와 이해관계가 첨예하게 대립하고 있던 일본과 영국은 1902년 1월 영일동맹을 맺는다. 영일동맹은 조선과 중국의 분할을 서로 승인하여, 영국은 조선에서 일본의 정치적 · 경제적 우월성을 인정하고 일본은 중국에서 영국의 우월성을 인정하는 군사동맹의 성격을 지니고 있었다.

당시 세계에서 가장 강한 나라인 영국을 등에 업은 일본은, 1904년 2월 선전포고도 없이 인천항에 정박 중이던 러시아 군함을 격침시킴으로써 러일전쟁을 일으켰다. 이 러일전쟁의 승리는 일본 제국주의가 본격적으로 조선과 아시아 침략에 나서게 되는 결정적인 계기가 되었다.

진작부터 조선 땅에서 전쟁이 일어나는 것을 두려워한 조선왕조(1897년 10월 대한제국으로 국호를 바꾼다) 정부는 중립을 선언하고 미리 각국에 통고했다. 그러나 일본은 이를 완전히 무시하고 전쟁 시작과 함께 곧바로 대규모 병력을 조선으로 보내 서울에만도 2개 사단을 주둔시키기에 이른다. 이 시기에 일본 제국주의는 압도적인 군사력으로 조선왕조 정부를 협박하여 다음과 같은 세 가지 조약을 밀어붙였다.

한일의정서 1904년 2월 23일
한일협정서 1904년 8월 22일(제1차 한일협정)
을사5조약   1905년 11월 17일(제2차 한일협정)

이런 절차는 조선이 '한일합병'이라는 망국의 운명을 밟아 가는 경과를 보여 준다.

러일전쟁 발발과 함께 강요된 한일의정서에는, 조선왕조 정부가 일본의 전쟁 수행에 따른 온갖 편의를 봐주며, 일본이 "군사

전략상 필요한 장소를 언제라도 수용할 수 있다"고 정하여 조선의 영토와 인적·물적 자원을 제멋대로 빼앗아 이용할 수 있도록 되어 있다.

독도 점거

일본이 전쟁의 와중에 나타난 혼잡을 틈타 독도를 강점한 것이 바로 이 무렵에 일어난 일이다. 요사이 문제가 되고 있는 독도는 울릉도에서 91킬로미터, 일본의 오키노시마(隱岐島)에서는 159킬로미터나 떨어져 있다. 일본보다는 조선에 훨씬 가까이 있는 섬이다.

독도는 암초 두 개로 이루어져 있고 도쿄 히비야공원의 면적밖에 되지 않는 작은 섬에 지나지 않지만, 러일전쟁 당시에는 군사적으로 매우 중요한 의미를 가진 곳이었다. 전쟁 중에는 블라디보스토크의 러시아 함대가 일본의 수송로를 끊기 위해, 군대와 군수품을 가득 실은 수송선 히타치마루(常陸丸)를 조선 근해에서 격침한 사건이 일어나기도 했다. 또 러시아 본국에서 아시아로 회항하고 있던 발틱 함대에 대처하기 위해서라도 일본은 동해에서 경계를 강화하지 않으면 안 되었다. 그 때문에 일본은 동해의 중요한 지점에 있는 섬들에 망루를 설치하고 해저 전선을 까는 등 감시망을 둘러쳤다. 독도는 이런 섬 가운데 하나로서 점령된 것이다.

본디 독도는 강원도 울릉군에 속하여 군수 심흥택이 다스리고

있었지만, 일본은 이 군수는 물론 조선왕조 정부와 한마디 상의
도 없이 독도를 군사 점령했다. 중요한 영토 문제임에도 일본은
이 사실을 관보에 기재하지도 공표하지도 않았다.

우리나라 최고의 역사서인《삼국유사》에는, 우산국이라 일컫
는 울릉도와 독도가 신라에 복속되어 있다고 기록되어 있다.

도쿠가와 막부의 3대 쇼군인 도쿠가와 이에미쓰(德川家光)는
1633년 주인선(朱印船, 해외 도항 허가증을 받고 해외무역을 하던 선
박) 이외에 어떤 배도 바다를 건너지 못하게 금지했다. 뒤이어 막
부는 1639년에는 쇄국령을 공표하였고, 울릉도와 그에 딸린 독도
는 외국 영토로서 1696년 이래 도항을 금지했다.

메이지유신 뒤에도 외무성 관리 사다 하쿠보(佐田白茅)는 조선
의 정세를 탐사하여 1870년 외무성에 〈조선국교제시말내탐서〉
(朝鮮國交際始末內探書)라는 보고서를 올렸다. 그 보고서에는 '竹
島松島朝鮮附屬に相成り候始末'(이 무렵 일본은 울릉도를 竹島라고
부르고 독도를 松島라고 했다)이라는 글이 명기되어 있으며, 메이지
정부의 최고 권력자 이와쿠라 도모미(岩倉具視)는 "다케시마 외
섬 한 곳은 우리나라와 관계가 없다"는 결정을 내린 바 있다. 또
1894년에 메이지 정부가 작성한 〈대일본관할분지도〉(大日本管轄
分地圖)에는 울릉도와 독도가 표시되어 있지 않고 조선의 영토로
되어 있다.

해방 후에도 GHQ(연합국총사령부)는 독도 해역 12마일 이내에
일본 선박이 접근하는 것을 금지하고 있다. 일본 외무성 홈페이

지에는 〈다케시마(독도) 영유권에 관한 우리나라의 일관된 입장〉 이라고 하여 "1618년 돗토리 번 호우키국(伯耆国) 요나고(米子)의 평민 오다니 진키치와 무라카와 이치베에는 …… 막부한테서 울릉도 도항 면허를 받았다. 이때부터 두 가문은 해마다 한 차례씩 교대로 울릉도에 건너가 전복을 따고 강치를 잡고 대나무 따위를 벌채했다. 1625년에도 그리했다. …… 이렇듯 우리나라는 늦어도 에도 시대 초기에 걸친 17세기 중반에는 다케시마에 대한 영유권 을 확립했다"고 나와 있다. 이것은 터무니없는 날조이다.

외무성은 여태까지 '호우키국'을 에도 시대에는 존재하지도 않 은 '호우키'(伯耆) 번으로 잘못 표기하고 있다. 게다가 무사 계급 도 아닌 조민 오다니, 무라카와 두 가문이 당시 최고 권력자인 막 부한테서 다케시마를 '하사'받거나 '영유'하고 있었다고 주장하 데, 조닌(町人, 평민)이 최하층 계급으로서 사람 취급도 받지 못하 고 있던 봉건시대에 이런 일은 도저히 있을 수 없는 일이다. 잘 못에 대한 지적을 받게 되자 일본 정부는 급히 이전 홈페이지의 오류를 정정했지만 여전히 오류가 남아 있다. "도해 면허를 받 아……"라고 되어 있는데, 일반적으로 자국의 영토라면 '도해 면 허'를 받을 필요가 없는 것이다.

러일전쟁 당시 조선 정부와 교섭조차 없이 군사력으로 조선의 영토인 독도를 점령한 것인데, 일본이 '우리나라 고유의 영토' 운 운하는 주장은 아무런 역사적 근거도 없다.

재정권과 외교권 탈취

1904년 '한일의정서'에 이어 곧 한일협정서가 조인되었다. 이 문서로 조선왕조 정부는 일본이 추천하는 재정고문과 외교고문을 채용하고, 재정 및 외교에 관한 사항은 빠짐없이 고문의 의견을 들어 집행해야 했다. 그 결과 주권을 가진 국가로서 외국과 조약을 체결하는 일이 사실상 불가능해졌다. 일본이 추천한 외교고문으로 조선에 온 자는 미국인 스티븐스였는데, 이는 러시아와 전쟁을 치르는 과정에 미국의 지원을 받기 위해 취한 조치였다. 스티븐스는 높은 급료를 받고 고용된 일본 정부의 앞잡이로서 충성을 다했다. 그는 조선왕조 정부의 외교권을 박탈하는 과정에서도 악랄한 일을 저질렀기에 민중의 증오를 불러일으켰고, 미국으로 돌아간 뒤 끝내 오클랜드에서 재미 조선인 두 사람(전명환과 장인환)에게 저격을 받았다.

조선에 파견된 각국의 외교관과 고문

통감부의 지배에 저항하여 처형된 사람들

　재정고문을 통해 재정권을 손에 쥔 일본은, 세제와 화폐제도를
일본의 형편에 맞게 고치고 국고를 장악하여 조선의 경제적 명
맥을 틀어쥐었다. 일본의 군사고문은 조선의 군사권을 장악하고,
경찰고문은 반일운동의 탄압을 강화했으며, 학부고문은 교과서
를 고쳐 식민지 교육을 펴 나갔다. 이렇듯 1904년 8월 이후가 되
면 일본의 '고문 정치'가 조선을 지배하게 된다.
　이 밖에도 전쟁 수행이라는 명목으로 일본군 사령부는 온갖
'군령'을 발표했다. 그때까지만 해도 존재하고 있던 대한제국의
경찰을 완전히 무시하고 직접 조선 사람을 체포·투옥하고, 심지
어 사형에 처하는 불법행위를 제멋대로 저질렀다. 일본군은 군용
철도 부설에 '징용 노동'을 거부하거나 용지 강탈에 의견을 제기

하는 이는 '러시아의 첩자'라고 하여 수많은 사람을 학살했다. 남자의 경우에는 "사지를 십자가에 결박하여 총살하고, 여자를 죽일 때는 목을 잘라 길거리에 걸어 두어 오가는 사람들이 보게 했다"고 한다(박은식,《한국독립운동지혈사》).

조선의 주권 가운데 중요한 부분을 하나하나 빼앗아 간 일본 제국주의는 을사5조약을 강요함으로써 점점 조선의 숨통을 조여왔다.

미국 대통령 시어도어 루스벨트의 알선으로 1905년 9월에 일본은 미국 포츠머스에서 러시아와 강화조약을 체결했다. 영국과 미국의 지원을 등에 업고 러시아에 승리한 일본이 온갖 반대에도 아랑곳하지 않고 을사5조약을 밀어붙인 것은 바로 그 두 달 뒤인 11월의 일이다.

러일전쟁에서 일본이 러시아를 꺾을 수 있었던 것은 미국과 영국이 적극적으로 원조했기 때문이다. 시베리아 철도 개통과 함께 강력해진 러시아의 남하를 경계한 두 나라는 일본을 러시아와의 전쟁에 앞장서게 했다. 전쟁이 끝나자 제국주의적인 영토 분할에서 일본의 조선 지배를 용인하고 적극적으로 지원한 장본인 역시 영국과 미국이었다.

3. 망국의 전환점, 을사5조약

을사5조약을 강요하기 넉 달 전인 1905년 7월 29일, 일본 수상 가쓰라 다로와 미국 육군장관 윌리엄 태프트 사이에 조선 문제에 관한 협정이 비밀리에 체결되었다. 이른바 '가쓰라-태프트 밀약'은 일본이 미국의 식민지가 된 필리핀을 침공하지 않는 대신에, 일본이 조선을 보호국으로 삼는 것을 미국이 승인하는 내용이다.

다른 열강에 비해 아시아 침략에 뒤처져 있던 미국은, 일본을 이용하는 동시에 조선을 보호국으로 삼으려던 일본에 큰 도움을 주었다. 그 무렵 중국과 만주에서 이권을 노리고 침략을 확대해 온 영국과 미국은 제정 러시아의 남진 정책을 경계했고, 조선 침략을 엿보고 있던 일본 제국주의는 한반도에 미쳐 오던 러시아 세력에 위협을 느끼고 있었다. 조선과 만주에서 러시아 세력을 물리치는 데 일본·미국·영국은 공통된 이해관계를 갖고 있었다. 을사5조약은 이런 국제 정세 아래에서 강요된 것이다.

당초 조선왕조 정부는 미국과 1882년 5월 22일에 '조미수호통상조약'을 체결한 터였다. 조약 1조에는 "유사시에 미국은 조선을 원조한다"(善爲措處)고 명기되어 있다. 그런데 일본이 을사5조약을 강요해 왔다. 당시 미국에 환상을 품고 있던 고종이 미국에 '원조'를 요청했으나, 꿈쩍도 하지 않았다. 이미 조선의 보호국화를 승인한 '가쓰라-태프트 밀약'을 일본과 비밀리에 체결했기 때문이다. 겉으로는 '원조' 운운하면서 뒤에서는 한 나라의 주권을

두고 강도 일본 제국주의와 흥정하여 조선의 망국을 도운 미국의
이 같은 행동은 비열한 배신행위라고 하지 않을 수 없다.

1905년 11월 17일, 을사5조약에 따라 서울에 일본 통감부가 설
치되고 조선 정부는 외교권을 빼앗기게 된다. 외교권이 없는 나
라와 관계를 맺으려는 국가는 세상 어디에도 없는 법이다. 조선
은 국제적으로 이미 국가로서 존재하지 않았으며 형체만 남아 있
을 뿐이었다. 망국과 식민지화는 사실상 이때부터 시작되었다.
조선을 일본의 보호국으로 삼은 을사5조약은 '한일합병'으로 나
아가는 결정적인 전환점이 되었다.

이토 히로부미의 협박

보호국화를 위해 조선에 파견된 이토 히로부미는 일본의 을사
5조약 안을 받아들이지 않은 고종과 대신들에게 폭력과 협박을
서슴지 않았다.

1895년 10월, 일본 공사 미우라 고로(三浦梧樓)에 의해 왕후 민
비를 살해당한 고종은 분노하여 "일본은 조선의 독립을 인정한
다고 말하면서 실제로는 완전히 거꾸로 하고 있지 않는가" 하고
질책했다. 고종은 이토 히로부미가 네 시간에 걸쳐 강요했음에
도 끝내 일본의 안을 받아들이지 않았다. 이토 히로부미는 "폐하
께 묻습니다. 조선이 어찌해서 지금껏 생존할 수 있었겠습니까.
또 조선의 독립은 도대체 누구의 은혜 때문인지 아십니까. 폐하
는 진정 이 점을 잘 알고 지금 이런 불만을 표하시는 겁니까" 하

며 위압적인 태도를 드러냈다.

나아가 이토는 '보호' 조약의 "일본 안을 승인하던지 거부하던지 그건 자유이지만, 만약에 거부한다면 일본 정부는 이미 결심한 바가 있습니다. 그 결과 현재 조선의 지위는 훨씬 더 곤란해진다는 사실을 각오해야 할 것입니다" 하고 말했다. 이 기록은 메이지 천황에게 제출한 보고서 〈이등박문한국봉사기사적요〉(伊藤博文韓國奉使記事摘要)에 남아 있다. 이런 행태는 이웃 나라 국왕에 대한 외교적 예의조차 완전히 무시한 명백한 협박이다.

그뿐 아니라 이토는, 조선왕조 정부의 대신들이 일본의 안을 받아들이지 않아 교섭이 난황을 겪게 되자, 스스로 조선 주둔군 사령관 하세가와 요시미치(長谷川好道)와 함께 군대를 이끌고 대신회의에 쳐들어갔다.

대신회의를 에워싼 총검

총검이 도열한 한밤중의 공포 상황을, 한말의 학자 정교는《대한계년사》(大韓季年史)에 이렇게 기록하고 있다.

"일본군 보병과 기병, 헌병, 순사들이 폭풍같이 궁중으로 몰려들어와 빽빽이 도열했다. 그날의 공포스러운 분위기는 이루 말로 표현할 길이 없다."

궁중 대신회의에서 이토 히로부미가 조선왕조 정부의 대신들을 위협하던 살벌한 현장을 자초지종 지켜본 자가 있었다. 육군 대좌로 뒷날 귀족원 의원이 된 니시요쓰쓰지 긴타카(西四辻公堯)

였다. 그는 나중에 하얼빈 역에서 안중근 의사에게 저격되던 현장에서도 이토 히로부미를 수행했을 정도로 한시도 그의 곁을 벗어난 적이 없다. 니시요쓰쓰지는 이토가 조선 정부의 대신회의를 협박하며 보호조약 조인을 다그치던 공포스런 상황을 《한말외교비사》(韓末外交秘史)에 생생하게 기록하고 있다.

"마차를 몰고 급히 궁중으로 들어간 이토 히로부미 각하는 성큼성큼 회의장으로 들어가 전권위원 하야시 대사를 밀어젖히고 연필을 핥으면서 각 대신의 속마음을 확인하기 시작했다. '언제까지 우물쭈물 고심해 봤자 결론이 날 일도 아니다. 한 사람씩 묻겠으니, 반대인지 찬성인지 확실하게 답해야 할 것이다. 먼저 참정대신의 의견은……' 하고 이토 각하는 다그쳤다."

《대한계년사》에 따르면, 이런 상황에서 최고 책임자인 참정대신 한규설은 "온갖 생각을 다 해봤지만 내 생각을 바꿀 뜻이 없다"하며 반대하는 결의를 표명했다. 이토는 연필로 수첩에 참정대신의 이름 위에 가위표를 하고, 헌병에게 명령하여 참정대신을 폭행하고 다른 방으로 끌고 갔다. 이어서 대신 한 사람 한 사람의 이름 위에 찬성은 동그라미, 반대는 가위표를 치기 시작했다. 그때 이토는 "끝까지 떼를 쓴다면 죽여 버리겠다!"고 고함쳤다고 한다. 조인할 시각이 되어도 회의 주재자인 참정대신이 나타나지 않기에 "누군가 그 사실을 의심하자, 이토 각하는 '죽여 버릴 거야' 하고 중얼거렸다. 줄 맞춰 앉아 있던 각료 가운데에는 일본 말을 알아듣는 이가 두세 명 있었는데, 그 말을 듣자 곧 옆 사람한테

귓속말로 그 내용을 전하게 되어 조인은 착착 진행되어 끝나고 말았다"고 공포에 휩싸인 회의 분위기를 전하고 있다.

전국에서 일어난 의병

살벌한 분위기에 결재자의 행방도 모르는 상황에서 이토 히로부미는 강제로 '다수결'을 통해 '보호조약'을 승인시켰다. 이 조약이 효력을 얻기 위해서는 최고 권력자인 고종 황제의 서명이 있어야 한다. 그러나 그런 건 없었다. 더욱이 조선 쪽 대표인 박제순도 일본 쪽 대표 하야시 곤스케(林權助)도 조약을 체결할 전권대사로서 필요한 신임장을 갖고 있지 않았다.

나라의 주권에 관한 중대한 조약을 폭력적으로, 게다가 필요조건도 갖추지 않고 강요한 을사5조약은 국제법상 무효이다. 을사5조약이 결함 있는 조약이라는 점은 일본 정부도 잘 알고 있었다. 그러기에 일본 정부는 친일파 이완용에게 시켜 고종 황제를 압박하여 조약을 비준할 것을 집요하게 강요했던 것이다. 하지만 고종은 끝까지 비준을 거부했다.

불법으로 을사5조약이 체결된 사실이 알려지자,《황성신문》은 〈시일야방성대곡〉이라는 논설에서, 매국의 무리가 반만년의 유구한 역사를 이어 온 조선을 하룻밤 사이에 망하게 했다고 규탄했다. 전직 의정대신인 특진관 조병세, 시종무관장 민영환, 전직 참찬 홍만식, 학부주사 이상철을 비롯하여 일개 병사인 전봉학에 이르기까지 수많은 이들이 자결하여 순국했고, 멀리 조국을 떠나

의병들

영국에 머물던 공사 이한응도 현지에서 자결했다.

우리 할아버지는 그 무렵 수많은 조선 민중이 그러했던 것처럼 민씨 일가를 몹시 증오하고 있었다. 부패한 민씨 일가가 국정을 좌지우지하고 있었기 때문에 나라가 망했다고 생각했다. 하지만 할아버지는 "민영환은 민씨 가문이라고는 해도 훌륭한 인물이다"라고 말한 적이 있다. 나도 뒷날 민영환이 〈국민들에게 고하는 글〉에서 "이천만 동포여, 뜻을 높이 세우고 마음과 힘을 다 바쳐 나라의 독립을 회복해야만 합니다. 조금도 실망해서는 안 됩니다"라는 유언을 남기고 자결한 사실을 알고 할아버지가 하신 말씀을 이해하게 되었다.

일본의 침략에 격분하여 나라의 운명을 우려하는 뜻있는 사람들은 손에 무기를 들고 전국 곳곳에서 의병투쟁에 나섰다. 충청도의 민종식, 경상도 일대의 정환직과 정용기, 전라도의 최익현과 임병찬 등이 의병을 이끌었다. 이들은 방방곡곡 일본군에 맞서 싸우며, 나라는 잃어도 민족정신은 결코 사라지지 않았다는 사실을 보여 주었다.

하지만 내무대신 이지용, 외무대신 박제순, 군부대신 이근택, 농상공부대신 권중현, 학부대신 이완용은 일본 제국주의에 굴복하여 '조약'을 승인하고, 민족의 역사에 매국노 '을사오적'이라는 오명을 영원히 남기게 되었다.

일본은 5개조로 된 이 조약에 따라 1906년 2월에 통감부를 서울에 설치했고 이토 히로부미가 초대 통감이 되어 조선에 군림했다. 그는 문관이면서도 조선 주둔군에 대한 지휘권까지 갖고 있었다. 〈대일본제국 헌법〉에 군대 통수권은 군인만이 행사할 수 있다고 규정되어 있다. 하지만 이토가 이 권한까지 갖게 된 것은 유례가 없는 일로서, 일본 제국주의가 얼마나 조선에 대한 군사적 지배를 중시하고 있는지 잘 보여 준다.

정미7조약과 군대 해산

나아가 일본은 반일 성향을 가진 고종을 퇴위시키고 1907년 7월 24일에는 이완용과 '정미7조약'을 체결했다. 이 조약은 일본 통감의 권한을 무제한 확대하는 데 그 목적이 있었다. 이윽고 조선의 군대가 해산되기에 이른다. 이미 조선의 군대는 일본의 재정고문에 의해 '국비 절약'이라는 명목으로 거의 절반가량으로 줄어들어 있었다. 겨우 1만 병력에 지나지 않았지만 이마저도 방심한 틈을 타 완전히 해산시켜 버린 것이다.

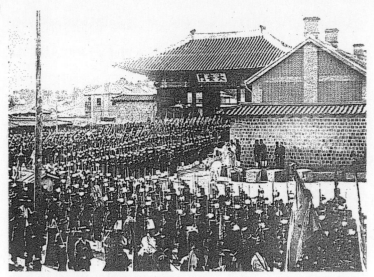
경희궁 앞을 행진하는 대한제국 군대

　이토 히로부미는 우선 순종 황제 명의로 된 〈군대 해산에 관한
소칙〉을 위조하여 가짜 서명을 했다. 이 시점이 되면 일본인 차관
이 실권을 쥐고 있었기 때문에 이 정도 조작은 마음대로 할 수 있
었다.

　조선의 군대는 8월 1일 오후 10시까지 맨손으로 동대문 안 훈
련원에 집합하라는 명령을 받았다. 무장한 일본군 수천 명이 훈
련원을 포위하고 있는 가운데 조선의 군인들은 강제로 해산되고
말았다. 동시에 일본군은 조선군 병영을 기습 점령하여 무기와
탄약을 압수했다. 이때 조선군 대대장 박승환은 군대 해산에 반
대하며 자결했다.

　일본군에 의한 조선 군대의 해산은 이런 악랄한 방법으로 실시

된 것이다. 이로써 일본 제국주의가 '한일합병'을 진행하는 데 큰 장애물이 되는 조선의 무장 세력은 한꺼번에 제거되었다. 이제 '한일합병'은 식은 죽 먹기나 다름없었다.

일본은 그때까지 시행하던 고문제도 대신에 일본인 차관을 각 부에 배치하고, 지방 기관에도 일본인 관리를 채용하여 실권을 완전히 손에 넣었다. 정미7조약이 체결된 1907년에는 각 기관의 일본인 관리가 판임관 이상만도 3,600여 명에 이르렀다. 당시 전체 조선인 관리의 3분의 1이나 되는 숫자이다.

내정을 완전히 장악한 일본은 대한제국 황제의 칙령과 법령을 손쉽게 위조하여 남발했다. 정미7조약을 체결한 뒤 일본은 부통감과 총무장관을 새로 임명하여 관인(官印)이나 부인(部印)의 보관, 문서 취급 사무를 장악했다. 당시 대한제국 정부의 차관 이상 중요한 직책은 죄다 일본인이 차지했고, 실권을 장악하고 있었기 때문에 칙령과 법령 같은 문서를 밥 먹듯이 위조할 수 있었다.

규장각은 조선왕조 역대 왕들의 칙령과 친서 따위를 보관하고 관리하는 부서이다. 최근 이곳의 문헌 자료를 정리하고 연구를 진행한 서울대학교의 조사에 따르면, 1907년 10월 18일부터 1908년 1월 18일까지 황제의 '서명'이 있는 위조된 칙령과 법령은 60건이 넘는다고 한다.

'한일합병조약'의 조인
이리하여 일본 제국주의는 조선의 주권을 완전히 빼앗는 여건을 마련해 나갔다. 통감 데라우치 마사타케(寺內正毅)는 '총리대신' 이완용을 통감부에 불러 일본군의 삼엄한 경계 속에서 1910년 8월 22일 '한일합병조약'의 조인을 강요했다. 그러나 조선 인민의 분격을 두려워한 일본 제국주의는 전국적인 경계망을 더욱 강화하고 나서, 일주일 뒤 1910년 8월 29일 '합병조약' 체결을 공표했다.

조선 인민들이 모르는 사이에 나라를 팔아넘긴 이완용을 비롯한 친일파 79명은 일본 천황으로부터 공작, 후작, 백작 같은 귀족 작위와 7백만 엔이 넘는 '은사금'과 '표창'을 받았다. 이리하여 형체만 남아 있던 대한제국 정부는 1910년의 '한일합병'에 따라 최종적으로 소멸되고 우리나라는 일본의 완전한 식민지로 전락했다.

일본의 보수 정치가들 가운데에는 아직도 조선 침략을 합리화하는 데 열을 올리는 자들이 있다. 문부대신 후지오 마사유키(藤尾正行)는 이렇게 말한 바 있다.

"한국에 대한 침략이었다고 말하는 한일합병에는 적어도 그만한 역사적 배경이 있었지요. 형식적으로도 실질적으로도 양국의 합의 위에 성립되었을 뿐입니다."(1986년 9월 6일)

일본 정부나 일부 학자들은 을사5조약이나 '한일합병'이 합법적으로 체결되었지 폭력으로 강요된 바가 없는 것처럼 말하고 있다. 하지만 이런 행태는 오늘날 명백히 밝혀진 엄연한 역사적 사실이나 공개되어 있는 수많은 사료까지 부정하는 일이고 터무니

없는 견강부회라 하지 않을 수 없다.

4. 무단통치와 토지 수탈

'한일합병' 뒤 1910년 10월에 통감부는 조선 총독부로 개편된다. 일본은 초대 총독으로 현역 육군대장 데라우치 마사타케를 임명했는데, 그의 권한은 절대적인 것이었다. 무엇보다 조선 총독은 천황 직속으로 일본 정부나 의회에 구속받지 않고 모든 정무를 시행할 수 있었다. 게다가 조선에서는 '제국헌법'이나 일본의 국내법도 적용되지 않았다. 말하자면 조선 총독부는 천황에게만 책임을 지고 독자적인 재량으로 절대적인 권한을 행사할 수 있었던 것이다.

당시 일본의 〈대일본제국 헌법〉은 주권재민은커녕 '현인신'(現人神)이라는 천황이 모든 대권을 장악하고 있던, 그 자체로 비민주적인 법이었다. 그런데 그나마도 적용되지 않는다면 그것은 이미 민주주의나 인권이라고는 찾아볼 수 없는 강권 전제정치라 하지 않을 수 없었다. 총독 데라우치 마사타케는 "조선인은 우리 일본의 법에 따를 것인가, 아니면 죽을 것인가"라고 말하며 악명 높은 '무단통치'를 강행했다. 무단통치는 이런 강권적인 식민지 통치 체제에 바탕을 둔 것이었다.

데라우치는 가쓰라 다로와 같은 조슈(長州, 지금의 야마구치 현

일대) 출신으로, 이토 히로부미나 야마가타 아리토모(山縣有朋) 같은 번벌 세력을 배경으로 권세를 얻어 무단적인 행동을 일삼았다. 그래서 일찍이 '비리켄'(非立憲)이라는 별명을 얻은 인물이었다.

초대 총독 데라우치와 무단통치

총독의 자리에 오른 데라우치는 1910년 10월 1일 발표한 첫 시정 방침에서, '현재의 급무'를 "새 영토의 질서를 유지하고 풍부한 자원을 개발하는 것"이라고 했다.

"질서를 유지한다"는 말은 당시 전국에서 드높아지고 있던 의병 투쟁을 비롯한 반일운동을 무력으로 진압하고 무조건 힘으로 조선 민중을 복종시키는 것을 뜻했다. 이를 위해 데라우치는 조선 주둔 헌병사령관이 총독부의 경무총감을 겸하고 각 도에 배치되어 있던 헌병대장이 그 도의 경찰부장을 겸하는 헌병경찰 제도를 두어, 여기에 법률에 바탕을 두지 않는 재판즉결권과 강제집행권을 부여했다. 헌병경찰의 책임자에는 러일전쟁 때 동유럽과 러시아에서 첩보와 후방교란 공작으로 암약했던 육군 중장 아카시 겐지로(明石元二郎)가 임명되었다. 소학교의 교원까지 칼을 차고 군복 비슷한 제복 차림으로 교단에 선 것도 바로 이 무렵이다.

무단통치 아래에서 일본은 조선의 그 어떤 계급과도 정치권력을 나누어 가지려 하지 않았다. 총독부 관제가 제정되자 일본은 옛 조선 정부의 관리를 모두 파면했다. 이왕직(李王職, 왕실의 일을

식민지 수탈의 본거지 동양척식주식회사

맡아 보던 관청)과 중추원 같은 유명무실한 한직에 친일 관료 287
명만 남기고 지방 관청에도 통역이나 서기 정도만 채용했다. 그
어떤 집회도 엄격히 금지되고 조선어 신문은 모두 폐간되기에 이
르렀다. 조선인 단체나 결사도 모두 해산되었음은 물론이다. '한
일합병'에 앞잡이 노릇을 한 친일 단체 일진회마저도 해산되었을
정도이니 탄압이 얼마나 철저했는지 짐작할 수 있다. 또한 이 무
단통치 시기에는 봉건시대의 야만적인 태형(笞刑) 제도가 그대로
존속되었다. 이런 가혹함에 대해 일본의 유식자들마저 "극단적인
무단 전제정치를 강행하여, 마치 조선이 전제 치하의 중세로 되
돌아가는 느낌마저 들었다"고 말할 정도였다(釋尾春芿,《朝鮮併合
史》, 1926년).

1919년 3월 1일, 온 나라를 뒤흔들고 조선 사람이 살고 있는 곳이라면 중국, 시베리아, 미국까지 파급된 인민봉기는 일본 제국주의의 잔혹한 무단통치에 맞선 조선 인민의 분노가 폭발한 것이었다. 3·1운동에 큰 타격을 받은 일본 제국주의는 그 뒤로 두 신문(조선일보와 동아일보)의 발행을 허가하고, 조선 사람을 하급 관리로 채용하는가 하면, 교원이 칼을 차는 행위를 없애는 등 표면적으로는 '문화통치'로 변화했다. 그렇다고 가혹한 식민통치가 본질적으로 바뀐 것은 결코 아니었다.

토지조사사업

데라우치가 말한 '부의 원천 개발'이라는 것은 조선의 쌀과 풍부한 지하자원을 수탈하는 것이었다. 강력한 권한을 가진 조선 총독부가 식민지 정책을 추진하면서 무엇보다 먼저 착수한 일은 1910년부터 1919년까지 전국에 걸쳐 장기간 실시한 '토지조사사업'이다.

조선에서 일본에 필요한 식량과 원료를 확보하고, 총독부 재정 수입의 절반을 차지하는 토지세를 유지하며, 통치 기반을 튼튼히 하기 위해서도 일본은 토지를 직접 소유할 필요가 있었다. 조선에는 무엇보다 토지의 가격이 싼 반면에 지주가 거둬들이는 소작료는 몹시 높았기에 투자할 절호의 조건이 마련되어 있었다. 이런 목적과 아울러, 오랜 봉건적 토지 소유관계를 근대적으로 바꿔 토지의 귀속을 명확히 하고, 외국인의 토지 소유를 허가함으로써 일본인의 토지 소유를 합법화하기 위해서는 무엇보다 토지 조사를 하지 않으면 안 되었다.

봉건제도 아래에서 토지 소유는 정확한 측량을 통한 등기에 바탕을 두고 있지 않았다. 그래서 소유권이 애매했고 "대충 여기까지"하며 콩이나 파 따위를 심어 토지의 경계를 표시하는 경우가 많았다. '토지조사사업'은 전국에 걸쳐 토지의 소재지, 지목, 등급, 면적, 가격, 소유권자 이름 등을 상세하게 조사하고 측량했기 때문에 당시 '세부 측량'이라고 일컬어지기도 했다.

총독부는 이 사업을 실행하면서 복잡한 수속이나 신고 제도를 만들어, 결정된 기간 안에 신고해야 한다는 엄격한 조건을 붙였다. 오랜 봉건제도 아래에서 근대적인 소유권 같은 법률적 관념이 전혀 없던 농민들은 규정된 기간 안에 절차나 신고를 할 수 없어 토지를 몰수당했다. 총독부는 그 밖에도 군용지, 철도 용지를 비롯한 갖가지 구실을 들어 토지를 수탈했다. 여기에 왕실 토지, 입회지(入會地), 미개간지, 간석지를 포함하면, 전국에서 몰수된 토지 면적은 무려 100만 헥타르가 넘는다.

1910년에서 1915년 사이에 토지를 소유한 일본인 수는 2,254명에서 6,966명으로, 일본인 소유지 면적은 69,000헥타르에서 171,000헥타르로 급격히 늘어났다. 동양척식주식회사(동척)가 소유한 토지는 1910년에서 1920년 사이에 열 배나 늘어나 약 10만 헥타르에 이르렀다.

토지조사 과정에서 일본어를 할 줄 알고 잇속에 밝은 사람은

"대리인이 되어 수속을 해주겠다"며 법적 절차를 모르는 농민을 속여 많은 토지를 자신의 명의로 등기함으로써 지주가 되었다. 예부터 내려오던 양반 지주와는 별개로, 근대에 나타난 새로운 지주계급은 이런 과정을 통해 형성된 경우가 많다. 일본 제국주의는 얼마간 자본주의적 요소를 도입했지만, 농촌의 반봉건제는 그대로 존속시켰다. 이렇게 등장한 지주계급은 농촌의 반봉건적 관계를 유지하고 일제의 식민지 지배를 떠받치는 기반이 되었다.

경제를 지배한 제일은행

그 무렵 일본 정부는 식민지 통치의 기반을 다지기 위해 조선으로 이주정책을 적극적으로 추진했다. 산인도산업(山陰道産業), 도사권업합자회사(土佐勸業合資會社), 이시카와현농업주식회사(石川県農業株式會社) 같은 일본의 현 단위 농업 조직도 이런 정책을 지원하여, 농촌의 둘째, 셋째 아들을 대거 조선으로 보냈다. 조선으로 이주한 빈농들에게는 몰수한 농지를 불하하여 지주가 될 수 있게 해주었고, 오쿠라(大倉) 농장이나 동양척식주식회사의 대규모 농장도 확대해 나갔다.

이런 정책에 자금을 지원한 것은 1878년에 이미 부산에 진출해 있던 시부사와 에이이치(渋沢栄一)의 제일은행이었다. 조선에서 많이 나는 금을 수탈할 목적으로 들어온 제일은행은 1880년대에 원산, 인천, 서울로 점차 지점을 확대하여 조선의 경제와 금융을 장악하고 있었다. 제일은행은 나중에 조선왕조 정부의 모

든 금융기구를 지배하고 지폐를 발행하는 등 사실상 조선의 중앙
은행 역할을 하기에 이른다. 그런데 자금은 조선인한테서 모으고
융자는 주로 일본인에게 돌리는 방식으로 일본 정부의 조선 이민
정책을 적극적으로 지원했다.

토지를 빼앗긴 채 살길을 잃은 농민들은 1920년을 전후하여
일본이나 만주로, 심지어 시베리아로 떠돌게 된다. 조선의 농민
들은 조국을 강탈당하고도 모자라 조상 대대로 일구어 온 토지까
지 빼앗겼던 것이다.

5. 고향을 등진 농민

일본으로 흘러들어 간 조선 농민들은, 제1차 세계대전으로 축
적된 거대한 자본을 토대로 공장 지대를 형성해 가고 있던 간사
이(關西) 지방에 집중되었다. 그들은 대개 영세한 기업에 고용되
어 토목사업 등에 종사하면서 낮은 임금으로 혹사당하는 노동자
가 되었다.

일본의 하층 노동자로서 재일조선인의 형성
패전 전의 일본 내무성 통계에 따르면, '한일합병' 이듬해인
1911년에 재일조선인은 2,527명에 지나지 않았다. 하지만 토지
조사사업이 완료된 뒤 1920년이 되면 30,175명으로 열두 배로 늘

어난다. 재일조선인은 일본의 침략 전쟁이 확대됨에 따라 급격하게 늘어, 태평양전쟁이 시작된 1941년에는 1,469,230명, 전쟁에 패한 1945년에는 2,363262명(GHQ의 추정)에 이르고 있다. 이들은 탄광이나 철도 공사, 댐 건설, 군수공장 등에 강제징용되어 가혹한 노동조건에서 위험한 일을 강요당했다.

나가사키 만에는 '군함 섬'이라고도 불리는 하시마(端島)가 있는데, 강제로 징용된 조선인 노동자들이 이 섬에 있는 미쓰비시 탄광에서 가혹한 노동을 강요당했다. 한번 들어가면 두 번 다시 나올 수 없었다고 해서, 사람들은 이 섬을 '지옥 섬'이라고도 불렀다.

미야기 현의 센잔센(仙山線, 센다이-야마가타 노선) 철도 부설 공사는 특히 위험한 구간이었다. 이 공사에서 "철로에 놓인 침목 하나에 조선인 한 명이 희생되었다"고 할 정도로 많은 노동자가 죽었다. '여자 정신대'라는 이름으로 홋카이도의 하코다테까지 끌려간 젊은 여성들은, 생지옥 같은 삶을 견디지 못한 나머지 많은 이들이 다치마치 곳에서 투신자살하기에 이르렀다. 지금도 동포들이 그곳을 찾게 되면, 성난 파도 소리가 "어머니! 어머니!" 하고 절규하는 것처럼 들린다고 한다.

일본의 젊은 세대들한테서, "조선 사람이 왜 일본에 살고 있는가" 하는 말을 들을 때가 많다. 60만 명에 이르는 재일조선인은 주로 토지를 수탈당했거나 징용, 징병으로 일본에 끌려오거나 강제로 이주된 사람들과 그 후손이다.

남만주의 소작농으로

간도 지방(오늘날 옌볜 조선족 자치구)은 러시아 연해주에 인접해 있다. 이 지방은 조선왕조 말기부터 농민들이 이주해 와서 살거나 이곳을 거쳐 시베리아로 건너갔는데, 토지조사사업 이후 이런 경향이 가속화되었다. 우리 친척 가운데에도 우선 만주로 이주한 뒤에 시베리아로 넘어간 사람들이 있다. 연해주에는 토지나 일거리가 많고 조선 사람에 대한 차별도 박해도 없다는 이야기가 들렸다.

만주 쪽으로 흘러간 농민들은 주로 남만주에 많이 모여 살았다. 우리 집은 1920년대 초에 남만주 이곳저곳을 유랑한 끝에 선양(瀋陽, 봉천) 교외에 있는 베이링(北陵) 부근 마을에서 중국인 지주의 소작인으로 일하게 되었다. 이윽고 우리처럼 못 살게 되어 떠나온 고향 친척들도 한 집 두 집 정착해서 살게 되었다.

고구려의 옛 땅에 개척한 논밭

선양은 청나라 시조인 누르하치가 베이징으로 천도할 때까지 도읍으로 삼았던 곳이다. 만주의 정치, 경제, 문화 중심지인 이 도시와 근교에도 조선 사람들이 대거 이주해 왔다. 선양 근교에서 유일하게 소나무 숲이 우거진 베이링은 청나라 두 번째 황제인 홍타이지의 능묘가 있는 곳이다. 어린 시절을 떠올려 보면 그곳은 돌보는 사람도 없고 황량했으며, 뱀이나 도마뱀 따위가 자주 나오는 기분 나쁜 장소였다. 하지만 그 주변에는 산 하나 없이, 옥

야천리 지평선이 보이는 기름진 들판이 한없이 펼쳐져 있다. 해질 무렵이면 수천 수백 마리의 까마귀 떼가 소란스럽게 둥지로 돌아가고, 다시 적막에 잠길 무렵 붉고 큰 해가 마지막 빛을 내뿜으며 아득한 지평선 너머로 가라앉는다. 이 광경은 하도 장엄하고 웅장해서 대자연 앞에 엎드려 큰절을 하고 싶을 만큼 경외감을 느끼곤 했다.

여러 민족과 국가가 흥망의 역사를 거듭한 이 지역은, 당 제국과도 당당하게 맞서 싸운 동방의 강대국 고구려의 옛 땅이다.

우리 역사에 처음 등장하는 고대국가는 기원전 3천 년 무렵에 형성된 고조선이다. 그 영향 아래에서 우리 민족의 선조는 부여, 구려, 진국 등 고대국가를 잇달아 세웠다. 이들 고대국가는 한반도에서 오늘날의 중국 동북지방 송화강, 요하, 태자하 유역의 비옥한 땅에 걸쳐 문명을 일으키고 발전시켰다. 여기서 우리 선조들은 일찍부터 청동기나 철제 도구를 사용했고 농경과 목축을 영위하며 정착해 나갔다.

고대국가에서 새로운 세력이 대두하여 고구려, 백제, 신라가 봉건국가를 형성한 것은 기원전 1세기에서 기원후 2세기 무렵이었다. 이렇게 시작된 삼국시대는 일본의 야요이(弥生) 시대 중기부터 후기에 해당한다. 이 세 나라 가운데 가장 강력한 고구려는 일본을 비롯한 주변 나라에 정치적으로나 문화적으로나 크나큰 영향을 끼쳤다.

선양 근교에는 지금도 고구려 유적이 많이 남아 있다. 중국인들은 이 당시 우리를 '조선인'이라 부르지 않고 '가우리'(고려, 고구려)라고 불렀다. 우리 집은 이 선양교 교외에서 소작인이 되어 토지를 경작하고 논을 개간하여 벼농사를 시작했다. 그때까지 밭농사 중심이던 만주평야에서 논농사를 개척한 것은 고향을 떠나온 조선 농민들이 오랜 세월 힘겨운 노동에 따른 것이다. 우리 집도 그 가운데 하나였다.

나는 아버지나 어머니한테서 고향 떠나올 무렵의 이야기를 들은 기억이 없다. 조상 대대로 살아오던 고향을 떠나 마적이 출몰한다는, 영하 30도를 밑도는 북쪽 땅으로 떠난 우리 가족…… 어떤 운명이 기다리고 있을지도 모를 황량한 타국으로 떠날 때, 온몸이 으스러지는 듯한 괴로움과 엄청난 불안감이 있었을텐데, 어떤 심정을 품고 압록강을 건넜을까. 지금으로서는 알 길이 없다.

2장

유랑의 땅, 만주에서

1. 장쭤린 폭살 사건과 만주 침략

나는 어린 시절을 선양 교외의 중국인 마을에서 보냈다. 1920
년대 말이 되면서 주변의 상황이 험악해져 갔다.

이 무렵 일본은 정치적으로나 경제적으로 아주 불안정한 상황
에 처해 있었다. 특히 1929년 10월 뉴욕 주식시장의 주가가 대폭
락한 '암흑의 목요일'에서 시작된 세계 대공황은 일본에도 파급
되어 심각한 타격을 주었다. 일본에서는 금해금 조치(1930년 1월)
와 맞물려 사태가 더욱 악화되었고 일본 경제는 불황의 나락으로
떨어지고 만다. 이런 일은 하마구치 오사치(浜口雄幸) 내각 때 일
어난 일인데, 대규모 실업, 농촌과 중소기업의 몰락은 국민 생활
의 밑바닥을 파탄시켰다. 요즘 젊은이들은 도저히 믿을 수 없겠
지만, 일본 농촌에서 젊은 여성에 대한 인신매매가 성행한 게 바
로 이 무렵의 일이었다.

1930년 11월 하마구치 수상이 도쿄 역에서 우익의 저격을 받

아 중상을 입고 결국 사망하게 된다. 1932년 2월에는 하마구치 내각의 대장상이었던 이노우에 준노스케(井上準之助)가, 곧이어 3월에는 미쓰이 재벌의 총수 단 다쿠마(團琢磨)가 암살되었고, 5월에는 해군 장교들이 이누카이 쓰요시(犬養毅)를 암살한 '5·15 사건'이 발생했다. 이런 사건들은 그 뒤 1936년에 일어난 육군 쿠데타 '2·26 사건'으로 이어지게 되는 테러였다. 이 무렵 일본 국내에서는 군부의 횡포로 점철된 파시즘이 급속히 대두되었고, 오랫동안 이어진 경제 위기와 정치 불안정을 타개하기 위해 만주사변(류탸오후 사건)을 일으켜 침략 전쟁을 확대해 나갔다.

만주사변이 일어나기 3년 전인 1928년 6월, 동3성(奉天省, 吉林省, 黑龍江省)의 제왕이라고 불리던 장쭤린(張作霖)이 베이징에서 선양으로 열차를 타고 돌아오던 중 폭살되었다. 이 폭발 사건은 창춘-다롄을 연결하는 만철선(滿鐵線)과 그 철교의 바로 아래를 통과하여 베이징-선양을 연결하는 중국선(中國線)이 교차하는 지점에서 일어났다.

만철 선로 쪽 둑에는 일본 수비대의 초소가 설치되어 있었는데, 우리가 살고 있던 마을에서 멀지 않아 늘 보아 오던 곳이다. 어린 나는 아직 소학교에 들어가기 전이었다. 초여름 이른 아침 세수를 하고 있을 때, 공기를 가르며 멀리 큰 폭발음이 울려 퍼져 우리 마을까지 들려왔다.

애초에 일본은 북벌군의 '폭살 지령'이라는 문서를 품에 넣은 중국인 사체를 현장에 끌어다 놓고 장제스의 모략에 따른 사건인 것처럼 선전했다. 그러고는 장쭤린의 장례식에서 바로 그를 살해한 관동군 고급 장교들이 아무렇지 않은 얼굴로 조문까지 했다. 하지만 시간이 흐르면서 일본 관동군이 꾸민 모략이라는 움직일 수 없는 증거가 드러났다.

관동군의 만행

내가 봉천 제1중학교에 다니고 있던 시절, 해마다 3월 10일(일본의 옛 육군 기념일)이 되면 배속 장교가 학교에서 강연을 하는 것이 관례로 되어 있었다. 만주사변 당시 사건 현장에서 가까운 호석대(虎石臺) 수비대에 배치되어 있던 그 장교는 장쭤린 폭살 사건에 관해 얘기를 꺼냈다. 사건 당시 폭발물이 철교의 위쪽에 있었는지, 중국의 선로가 지나가는 아래쪽 어디에 설치되었는지 우리한테 묻고는, 크고 무거운 폭발물을 중국 쪽에 들키지 않게 장치하기 위해서는 위쪽, 즉 일본의 만철선 위가 가장 적당했다고 설명했다.

장쭤린 폭살 사건은 일본의 만주 침략에 결정적인 전환점이 되었다. 1927년 6월부터 7월에 걸쳐 일본 정부는 중국에 대한 정책을 결정하기 위하여 동방회의를 열었다. 중요한 이 비밀회의에는 외무성과 육해군 수뇌부, 관동군 사령관, 관동청 장관, 봉천 총영사인 요시다 시게루(吉田茂) 등이 참가했다. 동방회의에서 결정된 핵심적인 문제는, 만주를 일본의 특수 권익 지역으로 확보하고 더 나아가 중국 본토로부터 분리하여 일본의 완전한 지배 아래

둔다는 내용이었다.

당시 장쭤린 군벌과 중국 통일을 노리던 장제스의 북벌군은 화북에서 전쟁을 치르고 있었는데, 장쭤린의 패색이 짙어지고 북벌군이 추격하여 만주까지 진출하는 형국이었다. 일본은 무엇보다 북벌군의 만주 진출을 저지할 필요가 있었다. 일본은 동방회의 전후인 1927년부터 이듬해까지 '자국민 보호'를 명분으로 두 차례나 산둥 출병을 감행했다. 당시 다나카 기이치(田中義一) 내각은 장제스와 장쭤린 양쪽 정권에 대해, 전란이 만주까지 미칠 경우 일본은 치안 유지를 위한 조치를 취할 것이라고 통고했다. 진짜 목적은 북상하는 북벌군을 멀리 만리장성 서쪽에 묶어 둠으로써 만주로 진입하는 것을 저지하는 데 있었다.

본디 장쭤린은 마적 출신으로 러일전쟁 때부터 일본이 만주 지배를 목적으로 이용하고 원조해 왔는데, 점점 세력이 커짐에 따라 일본과 갈등하고 대립이 생겼다. 결국 일본이 경영하던 만철선과 겹치는, 운임이 싼 철도를 계획하여 일본의 국익과 직접 부딪히게 되었다. 이제 장쭤린은 일본의 꼭두각시로서 이용 가치가 없어졌을 뿐 아니라 오히려 방해 세력이 되어 버린 것이다.

장쭤린 폭살은 관동군 고급 참모 고모토 다이사쿠(河本大作)가 계획하고 실행했다고 하지만, 이런 중대한 사건을 일개 대좌가 단독으로 일으켰다고는 볼 수 없다. 이 사건은 러일전쟁 이래 오랜 기간에 걸쳐, 특히 동방회의에서도 나타난 일본의 중국·만주 침략 정책의 연장선에서 발생한 일이다.

베이징에 있던 장쮀린의 아들 장쉐량은 아버지가 죽은 뒤 즉시 본거지인 선양으로 되돌아왔다. 하지만 곧바로 일본과 대결하지 않고 먼저 장제스와 전쟁을 멈추고 화해하여 자신이 지배하고 있던 동3성에 통일 중국의 국기인 청천백일기를 내건 다음 장제스의 난징정부 동북 변방 총사령관에 임명되었다. 아버지 장쮀린의 폭사가 일본의 모략이었다는 사실을 알고 있던 장쉐량은, 만주사변이 일어나기까지 불구대천의 원수인 일본에 대해 강경한 반일정책을 펼쳤으며 중국 민중의 반일 분위기도 높아져 갔다.

만보산 사건과 '나카무라 대위 사건'

이런 위험한 정세 속에서 일본이 수리(水利) 문제로 조선과 중국 농민을 대립시켜 싸우게 한 만보산 사건이 발생했다. 만주사변이 발발하기 직전인 1931년 6월에 터진 만보산 사건은 엄청난 일이었기에 지금도 또렷하게 생각이 난다.

이 사건은 일본의 이간질로 조선 농민과 중국 농민의 싸움이 격화됨으로써 관동군이 만주사변을 일으키는 구실이 되었다. 이 소란은 조선 각지까지 파급되었고, 그 무렵 만주에 살고 있던 우리는 무척 불안한 나날을 보내야 했다.

만보산(萬寶山)은 창춘에서 북서쪽으로 약 30킬로미터 지점에 있다. 1931년 5월, 고향을 떠나온 조선 농민들이 중국인 지주의 양해를 받아 부근의 황무지를 일구어 논을 개간하기 시작했다. 그런데 수로 문제로 중국 농민과 마찰이 일어나 중국 관헌이 조선 농민에게 공사 중지를 명령했다. 그러자 창춘에 있던 일본 영사관이 '조선인 보호'라는 명분으로 무장 경찰대를 파견하여 공사를 강행시켰다. 곧이어 7월 2일에는 양쪽이 발포하는 충돌이 일어나게 되어 점점 긴장이 높아졌다.

그런데《조선일보》특파원이 현지에서 조선 농민 다수가 살해되었다는 오보를 냄으로써, 조선 국내에서는 중국인에 대한 '보복 감정'이 들끓게 되었다. 인천과 평양, 원산을 비롯한 곳곳에서 조선에 있던 중국인을 심하게 폭행하는 일이 벌어졌다. 그 어떤 집회도 허가하지 않던 일본 관헌이 이번에는 이런 사태를 방관하며 단속도 하지 않았다. 더욱이 문제가 된 현지 보도를 낸《조선일보》특파원은 그 뉴스를 일본 쪽 기관에서 취재한 것이었고, 사실은 유언비어로 밝혀졌다고 같은 신문에 사죄했다. 그런데 얼마 되지 않아 그 특파원이 누군가에게 암살되는 기이한 사건까지 일어났다. 험악한 분위기가 감도는 가운데, 만주에 살고 있던 우리 조선 사람들은 중국인들이 보복을 가해 오지나 않을까 불안하여 밤에도 잠을 못 이루고 있었다.

그해 6월 말에는 참모본부의 나카무라 신타로(中村震太郎)가 중국 군벌에 잡혀 스파이 죄로 처형되는 사건이 일어났다. 그는 외국인 출입이 금지된 타오난(洮南), 수오룬(索倫) 등 싱안링 지구에서 비밀 활동을 벌이고 있었다. 이 사건이 바로 '나카무라 대위 사건'이다. 그 무렵 "의용봉공(義勇奉公) 네 글자를 가슴에 새긴 대장부가 머나먼 싱안링으로 떠나갔다"며 나카무라 대위의 행동을 칭송하고 중국의 '폭거'를 비난하는 노래가 널리 퍼졌다. 조선 소학교 2학년이던 우리도 날마다 이런 노래를 불러야 했다.

신문과 라디오는 중국을 적대시하며 전쟁 여론을 부추기는 데 열을 올렸다. 이런 사건은 관동군이 '만몽(滿蒙) 문제 해결'의 단서로 이용할 절호의 구실이 되었다. 일촉즉발의 상황이 이어지며 전쟁을 피할 수 없는 정세가 조성되어, 어린 나조차 하루가 다르게 험악해지고 있는 분위기를 피부로 느낄 수 있었다.

반일 분위기와 조선인 박해

그 무렵 만주를 지배하고 있던 장쉐량 군벌은 점점 높아지는 반일 분위기에 편승하여 조선 사람을 '소일본인'이라고 하며 배척했고 곳곳에서 박해를 가했다.

내가 살고 있던 마을에서 가장 가까운 중국인 거리까지는 4킬로미터 정도 떨어져 있었다. 그 길에 장쉐량의 몇 번째 부인인지 모르는 여자의 집이 있어 늘 경비원이 서 있었다. 좀 더 걸어가면 철조망으로 둘러싸인 곳에 있던 거대한 석유 탱크 같은 데 콩, 수수, 쌀, 옥수수 따위가 가득 담겨 있었고, 장쉐량 군대의 경비초소가 있었다. 외나무다리 길이었기에 우리는 그곳을 지나다닐 수밖에 없었다. 총을 든 군인들이 눈을 흘기며 발로 찰 기세로 "가우리 빤스! 가우리 빤스!" 하고 욕설을 하는 터에 심한 공포감을 느꼈다. 그 말은 조선 사람을 모멸하는 표현이었다.

소학교에 입학하고 1년 동안 나는 베이링 마을에서 통학하고 있었는데, 이런 위험한 사정도 있었고 또 마적들이 조선인 아이를 잡아간다는 불길한 소문이 파다했다. 할아버지 할머니가 크게 걱정하셔서 나는 시가지에 있던 친척 집에 맡겨졌다.

소학교 입학 전까지 나는 마을에서 같은 또래의 중국 아이들과 놀았는데, 덩치가 큰 아이들이 때려서 늘 두려웠다. 마을에는 가끔 엿장수가 와서 가미시바이(紙芝居, 종이 연극)를 보여 주었는데, 정신없이 열중해서 보고 있는 내 어깨 위에 골목대장이 올라타 "너는 왕구오누다! 왕구오누야다!" 하고 고함을 치며 괴롭히곤 했다. '왕구오누'라는 말은 나라를 잃은 놈이라는 뜻의 욕설인데, 어리기는 했으나 이런 굴욕을 받을 수밖에 없는 처지를 뼛속 깊숙이 느꼈다.

처음으로 일본 사람을 만나다

베이링 마을에 살던 때 나는 전차라고는 본 적이 없었다. 한번은 전차도 타고 싶고, 일본인 거리에 있는 백화점에 있다고 하는 에스컬레이터나 진귀한 물건도 보고 싶어서 아버지를 졸라 마을 밖으로 나간 적이 있었다. 그날 전차는 탈 수 있었지만 찾아간 백화점에서는 우리를 '더럽다'며 쫓아냈다. 짚신을 신은 데다가 바지저고리를 입고 시골에서 온 아버지와 아들이 아무리 봐도 깨끗할 리는 없겠지만, 나는 그런 일을 겪으며 크게 낙심할 수밖에 없었다.

내가 일본인을 처음 겪은 일이었는데, 그때 일본인이 무섭다는 느낌을 받았다. 중국인은 중국인대로 조선 사람을 멸시했고 일본인이 있는 데 가면 일본인에게 쫓겨나는 신세가 무척 슬펐다.

덩치 큰 아이들한테 실컷 두들겨 맞고 지평선으로 넘어가는 붉은 저녁놀을 바라보며 집으로 돌아온 나는 심한 모욕감을 느끼면서도 어떻게 해볼 수는 없는 내 처지를 한탄할 수밖에 없었고, 어디에도 의지할 곳 없는 심정과 외로움에 몸부림쳤다.

학교에 들어갈 나이가 되어 나는 베이스창(北市場)이라는 중국인 거리에 있는 봉천보통학교의 작은 분교에 입학했다. 1학년 겨울에 담임 선생님이 "서양 음악을 들어 보자"며 축음기를 켜 주었다. 몹시도 추운 날이었는데, 처음으로 그 음악을 듣고 있자니 눈물이 하염없이 흘러내렸다. 나중에 슈만의 〈트로이메라이〉라는 것을 알게 되었는데, 그때 그 음악은 어쩐지 슬프게 들렸다. 어린아이였지만 너무도 괴롭고 쓸쓸한 일들이 많았기 때문이었을 것이다.

2. 만주사변

관동군이 저지른 장쭤린 폭살 사건은, 만주를 지배하고 나아가 식민지로 삼으려는 일본 제국주의의 일관된 침략 정책의 전환점이자 본격적인 무력 행동의 시작이었다. 이 사건에 이어 발발한 만주사변은 일본이 이윽고 제2차 세계대전으로 빠져 들어가게 된 결정적인 계기가 되었다.

시가지에 있는 친척 집에서 통학하고 있던 나는 1931년 9월 18일 만주사변의 첫 포성을 들었다. 밤 10시도 퍽 지난 무렵이었던 것으로 생각되는데, 잠자리에 누워 있던 우리는 천지가 진동하고 갑자기 벼락이 떨어지는 듯한 대포 소리에 화들짝 놀랐다. 포성은 일본 수비대가 있는 쪽에서 쉼 없이 들려왔다. 별이 총총하던 밤하늘에 시뻘겋게 단 포탄이 중국군 병영이 있는 베이다잉(北大營)과 중국인 시가지 쪽으로 유성처럼 날아가고 있었다. 중국 경찰 파출소 부근에서는 격렬한 총소리가 들렸다.

일본 수비대 연병장은 넓었고 참호 같은 게 많이 있었다. 아이들 놀이터로 안성맞춤이어서 우리는 군견(軍犬)이 쫓아올 때까지 거기서 놀곤 했다. 그런데 6월경부터 함석으로 된 2층짜리 건물을 짓고 있었고 경계가 심해졌기 때문에 그곳에 들어갈 수 없게 되었다. 전후에 알게 되었는데, 관동군은 거기에 220밀리 유탄포두 문을 설치하고 있었던 것이다.

자작극 폭파 사건

그 무렵 일본에서는 만주의 불안한 상황을 전부 중국의 불법적인 도발 행위라고 하며 '흉악한 중국을 응징하자'(膺懲暴戾支那)는 여론이 들끓고 있었다. 만주사변을 도발한 것은 일본 제국주의인데도 손으로 하늘을 가리듯 모든 사실을 왜곡 선전하여 국민들을 전쟁으로 몰아가고 있었던 것이다.

만주사변의 계기가 된 류탸오후(柳條湖) 사건의 철도 폭파도, 관동군 스스로 만철의 노선에 지름 70센티미터 정도의 작은 폭파 사건을 구실로 삼아 중국 병영 가까이에서 미리 야간 훈련을 하고 있던 일본군이 곧 공격함으로써 대규모 전쟁에 불을 붙였던 것이다.

다른 나라 병영 근처에서 야간에 군사 훈련을 한다는 것 자체가 위험한 도발 행위인데, 관동군이 말하는 이른바 '중국군의 폭파' 직후에 만철선 열차는 아무런 지장도 받지 않고 통과한 것이다. 당시 만철 봉천역의 보안 일지에는 '전 노선 이상 없음'이라고 기록되어 있다. 전후에 수많은 사실들이 밝혀졌는데, 중국군이 폭파했다는 것은 완전한 조작이었다.

선전포고도 없는 기습 공격

근대 이래 일본이 일으킨 전쟁에는 한 가지 공통된 특징을 찾아볼 수 있다.

메이지유신 후에 일본이 일으킨 최초의 대규모 대외 전쟁은 청일전쟁이다. 이 전쟁은 조선 남부 아산과 성환 방면에 있는 청나라 군대를 일본군이 선전포고 없이 기습적으로 공격하면서 시작되었다.

또 러일전쟁은 인천항에 정박하고 있던 러시아 군함을 일본의 연합 함대가 선전포고 없이 공격함으로써 시작되었다. 중일전쟁이나 태평양전쟁의 진주만 기습 공격도 마찬가지로 선전포고는 없었다. 중국 영토의 커다란 일부를 침략한 만주사변은 너무도 분명한 전쟁이지만, 일본은 '사변'이라고 우겨 대고 선전포고 없이 일거에 전쟁을 확대하여 만주 전역을 점령해 버렸다.

만주사변은 갑자기 발발한 것이 아니라, 실제로는 사변이 일어나기 석 달도 전부터 대구경 유탄포까지 배치한 사실에서도 드러나듯이 일본이 용의주도하게 준비한 끝에 시작된 전쟁이다. 사변이 발발한 다음 날인 9월 19일에 하야시 규지로(林久治郎) 봉천 총영사가 시데하라 기주로(幣原喜重郎) 외무상에게 보내는 극비 보고에도 "사건은 오로지 군부의 계획적인 행동에 의한 것"이라고 지적하고 있다. 일본의 전쟁 도발에 관해서는 이미 갖가지 사실이 밝혀지고 있지만, 1931년 9월 18일 만주사변이 발발하던 그날 밤에 마침 현장 가까이 있었던 나는 공교롭게도 중일전쟁, 태평양전쟁으로 이어진 15년 전쟁의 시작을 목격한 사람이 되었다.

나라 잃은 민중의 참상

만주사변 때, 나라를 잃은 백성이 어떻게 되는지를 나는 내 두 눈으로 똑똑히 보았다. 사변 후 곧 패주하는 옛 군벌의 박해를 피해 많은 조선 사람들이 오지에서 선양으로 모여들었다. 먼 길을 걸어오는 도중에 부모를 잃은 내 또래의 아이들이나 가족한테서 떨어져 나온 노인들도 많았다. 만주에서 10월이면 밤 날씨가 무척 추웠는데, 입을 것도 먹을 것도 없고 몸이 아픈 사람에게 약도 없는 최악의 상황에 내몰렸다. 수용할 시설도 없는 노천의 땅바

닥에서 마대자루로 몸을 휘감고 배고픔과 추위에 시달려야 했던 동포의 모습은 비참하기 그지없었다. 나는 어디에도 기댈 곳 없는 나라 잃은 백성의 설움을 이때처럼 온몸으로 느낀 적은 없다.

그런데 1995년 고베 일대에서 대지진(한신·아와지 대지진)이 일어나 상상을 초월하는 피해를 입었다. 수많은 동포와 일본 시민들이 생명과 재산을 잃고 말았다.

대지진 소식이 전해지자 사태를 우려한 조선민주주의인민공화국의 김정일 총서기한테서 위문 전보와 함께 위문금으로 재일동포에게 200만 달러, 일본 적십자사에 20만 달러가 도착했다. 또 긴키 지방의 여러 현은 물론 홋카이도에서 규슈에 이르는 조선총련(재일본조선인총연합회) 전 조직이 곧바로 지원 활동에 들어갔다.

전국 각지에서 재일본조선청년동맹원 수백 명이 현지로 달려가 조선학교를 중심으로 밥을 짓고 다친 사람을 돌보는 일에 헌신했다. 이를 본 동포들과 주변에 살고 있던 일본 사람들은 조선 청년들에게 고맙다는 인사를 잊지 않았다.

이런 일은 조선민주주의인민공화국이라는 조국이 있고, 조선총련이라는 우리의 큰 조직이 있었기 때문에 가능한 일이었다.

하지만 당시 일본 식민지 지배 아래에서 우리에겐 조국이 없었다. 동포의 고난을 눈앞에서 지켜보며 어떻게든 도와야 한다는 생각이 있었다 한들, 마찬가지 신세로 헐벗고 굶주리며 타국을 떠돌던 우리한테 무슨 힘이 있으며 무엇을 할 수 있었겠는가. 나는 봉천보통학교라는 조선 소학교 2학년 학생이었으나 이때 작은 가슴에 깊이 새겨진 동포들의 참상을 잊을 수가 없다.

3. 조선 농민의 힘겨운 생활

만주로 유랑한 조선 농민의 생활은 엄혹했다. 한겨울에는 기온이 영하 20도에서 30도까지 떨어진다. 이 정도 되면 추운 정도가 아니라 온몸이 아리다고 할 만큼 고통스럽다. 손에 닿는 모든 금속을 헝겊으로 두르는 작업이 만주의 겨울 채비 가운데 하나이다. 그렇게 하지 않으면 얼어붙은 금속에 손가락이나 손바닥이 들러붙어 더운 물을 천천히 부어 가면서 떼야 한다. 이런 추위 속에서 우리는 개나 산토끼 털로 만든 귀마개나 모자를 꼭 썼는데, 조금만 방심해도 곧 귀나 코에 동상이 걸리고 만다.

조선 농민은 대개 중국인 마을에 흩어져 살고 있었지만, 그들에게 동화되지 않고 고향 마을의 생활양식을 그대로 이어 갔다. 한복을 입고 김치를 먹었으며 온돌방에서 우리말로 얘기했다. 가난 속에서도 설날과 추석에는 조상을 받들어 차례를 지내고 동지에는 팥죽에 새알심을 넣어 온 식구가 함께 먹는 풍습도 이어 갔다.

만주에는 질 좋은 석탄이 풍부하고 값이 쌌지만, 그걸 사서 쓸 형편이 못 되었기에 우리는 들판에 얼마든지 널려 있는 옥수수나 수수 뿌리를 물에 씻어 말린 뒤 난방용 연료로 썼다. 이런 일은 주

봉천 교외의 논에서 일하는 조선 농민들

로 아이들이 도맡아 했다.

참새와 할아버지의 옛이야기

기나긴 엄동설한에 아이들의 크나큰 즐거움 가운데 하나는 참새 잡기였다. 그물을 치고 눈 위에 좁쌀을 좀 뿌려 놓으면 참새들이 한꺼번에 모여들어 아주 쉽게 잡을 수 있다. 고기라고는 거의 입에 댈 수도 없었던 우리들에게 겨울철 잡은 참새를 구워 소금에 찍어 먹는 맛은 별미였다.

가지고 놀 만한 장난감이 없었지만 얼음판에서 팽이를 치고 얼음을 지치며 재미있게 놀았다. 스케이트나 썰매도 모두 제 손으로 발에 맞추어 나무를 깎고 굵은 철사를 대어 만들어 탔다. 팽이는 저마다 좋아하는 색깔을 크레용으로 색칠해 얼음판에서 돌리며 승부를 겨루는 데 열중했다.

겨울은 농한기여서 방 안에서 새끼를 꼬거나 멍석을 짜는 일이 많았다. 밤에는 할아버지한테서 옛이야기나 을지문덕, 이순신 장군 같은 영웅호걸 이야기를 들었다. 어린 나는 고향을 멀리 떠나 이국땅에서 자랐지만 할아버지의 이야기를 통해 우리나라의 역사나 시골 마을에 대한 동경과 애착이 강하게 자리 잡았다.

할아버지는 학교에서 배울 수 없는 역사나 입에서 입으로 전승되어 온 이야기를 들려주셨다. 또 임진왜란을 일으킨 도요토미 히데요시 침략군이 얼마나 잔인한 짓을 했는지, 식민지 지배를 받으면서 우리가 얼마나 큰 고통을 당했는지에 관해서도 많은 것을 알게 되었다.

몽골에서 불어오는 황사

3월이 되면 만주에는 몽고바람이 불어닥친다. 중국 내륙의 고비사막에서 비롯된 모래바람은 편서풍을 타고 만주까지 날아와 낮에도 세상이 어둠침침한 날이 며칠이고 계속된다. 하늘땅의 모든 것이 자욱하고 누런 안개에 덮인다. 추운 만주 지역은 민가도 대개 이중창으로 되어 있는데, 방 안까지 미세 먼지가 들어온다. 이런 모래 때문에 빨래도 말릴 수가 없다. 코나 목으로 흡입되어 사람들의 건강을 해치기도 한다.

이런 몽고바람이 지나가면, 만주에도 마침내 봄기운이 감돌게 된다. 여전히 추위는 남아 있지만 4월에 접어들면 살구꽃이 피고 여기저기 파릇파릇 풀이 돋아나기 시작한다. 이 무렵 어머니를 따라 달래를 캐러 가면 그렇게 즐거울 수가 없었다. 엄지손톱만큼 자란 알뿌리가 영근 달래가 한 광주리에 꽉 차면, 오늘 이걸 우리 식구가 반찬으로 먹을 수 있겠구나 하고 기뻐했다.

하지만 싫은 것도 있었다. 4월이 되면 모내기를 준비하고 파종을 해야 한다. 화학비료 같은 걸 살 형편이 안 되었기에 지난해부터 잡초나 낙엽을 모아 소, 말, 돼지 똥을 섞어 발효시켜 놓는다. 모내기 준비는 품이 많이 들기 때문에 아이들도 함께 도와야 한다. 바람이 세차게 부는 날 퇴비를 지게에 지고 나르다 보면 여기저기 마른 가루가 날려 얼굴에도 묻고 인정사정없이 콧속으로 들어와 울고 싶을 때도 있다.

가혹한 자연환경 속에서 영양가 없는 음식을 먹고 사는 데다가, 병이 나도 약을 살 수 없는 조선 농민의 집에서는 아이들이 자라기도 전에 죽는 일이 많았다. 내가 잘 데리고 놀던 여동생은 병원에도 가지 못하고 집에서 몇날 며칠 앓다가 세상을 떠났다. 사과 상자에 담긴 작은 누이동생이 땅에 묻히는 장면을 보며 어머니 손을 꼭 잡고 엉엉 울었다. 지금은 얼굴도 기억나지 않지만, 누이동생은 나를 잘 따르며 함께 놀던 귀여운 아이였다. 그 아이는 아직도 드넓은 만주 벌판 어느 한구석에 홀로 묻혀 있겠지만 이제는 찾을 길이 없다.

가족과 함께 타국을 떠돌고 가혹한 환경에서 생활해 온 나는 어릴 적에 이렇다 할 큰 병에 걸리지도 않고, 지금껏 죽지 않고 살아온 것이 믿기지 않을 때가 있다.

중국인 마을에서 조선 동무들도 없이 외롭게 커 왔지만 나는
그럭저럭 소년으로 자랐다. 학교에 다니게 된 것은 나에게 대단
한 행운이었다. 그때는 모두들 가난해서 아이들을 공부시킨다는
생각을 하기 힘들었다. 나는 때마침 집안의 장남이었기에 식구들
도 친지들도 이 아이만은 어떻게라도 공부를 시켜야 한다고 생각
해서 학교에 들어가게 되었다. 처음 도회지에 나와 여러 조선 아
이들과 함께 공부하고 뛰어놀며 기뻐하던 게 바로 엊그제 일처럼
눈에 선하다.

4. 봉천보통학교

나는 봉천보통학교라는 조선인 소학교를 다녔다. 이 학교는 만
철(남만주철도주식회사)이 만주에 처음 세운 조선인 학교였다. 일
본인에게는 의무교육이 적용되고 있었기 때문에, 선양만 해도 일
본인 소학교는 예닐곱 곳이 되었다. 그 무렵 선양 시내와 근교의
농촌에는 이미 6~7만 명이나 되는 조선 농민이 살고 있었지만,
의무교육을 받을 수 없었던 조선 사람에게 학교라고는 하나밖에
없었다. 봉천보통학교는 그 무렵 선양 조선인 사회의 중심이 되
었고 고향을 떠나온 동포들의 마음을 이어 주는 곳이 되기도 했
던 것 같다.

음력 5월 5일 단오에는 교정이나 들판을 빌려 씨름이나 그네타

기, 달리기 시합 등 연중 가장 떠들썩한 잔치를 벌였다. 단옷날은 시내뿐 아니라 근교나 멀리 푸순(撫順)에서도 동포들이 모여들었다. 씨름에서 우승한 사람은 소 한 마리를 상으로 받았는데, 우리는 소를 탄 씨름 장사 뒤를 따라 거리를 돌았다.

교장과 교감, 여교사 두 명은 일본 사람이었지만 나머지 교사 스무 명가량은 조선인 선생님이었다. 이 학교에는 학생이 1천 명 정도였고 6년제 보통과와 보통과를 졸업한 학생들이 공부하는 2년제 보습과가 있었다. 의무교육이 아니어서 입학 연령도 가지가지였다. 우리 학급은 남녀가 섞여 60여 명이 좁은 교실에서 빼곡히 앉아 공부하고 있었다. 그 무렵은 16~17세에 결혼하는 것도 드문 일은 아니어서 보습과에는 자식을 둔 학생도 있었다. 요즘은 상상도 할 수 없는 일이지만 점심때 아내가 아이를 업고 교실까지 와서 도시락을 주고 가는 풍경도 낯선 일이 아니었다.

봉천보통학교는 만주에서는 역사가 오래된 조선인 소학교였는데, 확인할 수는 없지만 1만 명에 가까운 졸업생을 배출한 걸로 알고 있다. 동창생 가운데에는 캐나다에서 대학 교수로 있는 사람도 있고 남한의 경제계에서 활약하고 있는 사람도 있다. 남한에서 클래식 음악의 원로이며 일본에서도 공연한 적이 있는 저명한 오케스트라 지휘자인 임원식 선생(국립교향악단 상임지휘자, 경희대 음대 학장을 지냈다)은 봉천보통학교 2년 선배이다.

월사금 5전

그때 학교에 내는 월사금은 5전이었던 것으로 기억된다. 백동화인 5전 주화는 현금 수입이 없는 농가에서는 좀처럼 만져 볼 수 없는 돈이었다. 정월에 세뱃돈으로 1전을 받으면 날아갈 듯 기뻐했던 시절이었기에 다달이 5전을 월사금으로 낸다는 것은 일반 가정에서는 결코 가벼운 부담은 아니었을 것이다.

조선인 선생님은 모두 사범학교를 나온 분이었다. 당시 조선에는 경성, 대구, 광주 세 곳에 사범학교가 있었는데, 거기에 우수한 인재들이 많이 모여 있었다. 사범학교는 학비가 없는 가난한 집의 자제라 할지라도 학업 성적만 뛰어나면 입학할 수 있었기 때문이다.

초등교육을 받은 사람도 많지 않은 시절이었기에 선생님은 동포들을 위해 편지를 써 주기도 하고 이런저런 상담도 해주며 사회적으로 무척 존경을 받고 있었다.

1학년 때 담임은 민정식 선생님이었다. 오랜 시간 풍금을 치고 있는 모습을 자주 보았는데 선생님은 우리한테 축음기로 갖가지 서양 음악을 들려주셨다. 중국인 거리에 있는 작은 분교에서 〈들장미〉, 〈위풍당당 행진곡〉, 〈아베마리아〉, 〈트로이메라이〉 같은 곡을 들을 수 있었던 것은 바로 그 담임 선생님 덕분이다. 선생님은 나중에 도쿄의 음악학교로 유학을 갔다. 너무도 인상 깊은 분이어서 나는 그 이름자를 지금도 기억하고 있다.

이정근 선생과 조선어학회

5학년부터 졸업할 때까지 담임을 맡은 분은 이정근 선생님이다. 선생은 경성사범학교 출신으로 조선어학회 회원이었다. 조선어학회는 1921년에 한글 연구와 올바른 조선어를 보급한다는 취지로 설립된 단체이다. 1927년에는 기관지 《한글》을 발행하고 1931년부터 표준 조선어 심사와 국어사전 편찬에도 착수하고 있었다.

한글 전문가이기도 한 이정근 선생은 세종대왕(1397~1450년)이 훈민정음을 제정할 무렵의 역사나 그 문자가 언어학적으로 얼마나 우수한지에 관해 상세하게 이야기해 주었다.

130권이 넘는 《고려사》와 종합 지리서인 《동국여지승람》, 세계 최초의 의학전서라고 평가되는 《의방유취》(266권)가 간행되고, 천문 관측기 제작, 금속활자 기술 개량이 이루어진 것도 세종대왕 치세였다. 조선왕조 최고의 명군이 왕위에 있던 이 시기는 문화가 활짝 꽃핀 태평 시절이었다. 세종은 집현전을 두어 정인지, 성삼문, 신숙주 같은 당대의 석학을 모아 연구하게 했다. 중국이나 멀리 몽골까지 학자를 보내 언어를 조사하고, 발성과 발음의 생리적 구조를 연구하기 위해, 실크로드를 통해 베이징까지 온 유럽인 의사까지 초대했다. 한글 자음과 모음의 형태는 발음할 때 발음기관의 형상을 본떠 만들었기 때문에 누구라도 알기 쉽다는 점이 한글의 우수함 가운데 하나이다. 이렇게 해서 1443년에 제정한 한글은 세계에서 유례가 없고 언어학적으로도 아주

독창적인 문자이다.

한글의 가장 큰 특징은 글자 수가 적고 획수가 간략함에도 모음과 자음을 이렇게 저렇게 조합하여 복잡한 음을 표현할 수 있고, 't' 같은 혀끝소리(설첨음)나 'k' 같은 혀뿌리소리(설근음), 그 밖에 혓소리(설음) 'zh'나 콧소리(비음) 'ng' 발음도 전부 가능하다는 데 있다.

모음 열한 자와 자음 열일곱 자로 된 표음문자 한글이 완성됨에 따라 일반 서민은 어려운 한자를 몰라도 필요한 지식을 얻을 수 있게 되었다. 이것은 우리나라 민족문화 발전에서 역사적인 사건인 동시에 우리 민족의 크나큰 자랑이다.

민족의 긍지를 가르친 선생

우리가 보통학교를 다닐 때는 아직 조선어 수업 시간이 있었다. 이정근 선생은 시조를 자주 낭독해 주었는데, 조선어 낭독 소리가 무척 아름답고 귀가 즐거운 까닭은 모음 수가 많기 때문이라고 가르쳐 주셨다. 학교에서 조선어 교육이 완전히 폐지된 것은 1939년 4월부터였다. 그때부터 조선어 신문이나 잡지도 점차 폐간되기 시작했다. 그리고 조선어학회도 1942년 민족주의 단체라고 해서 '치안유지법 위반'으로 대규모 탄압을 받고 있었다. 구속된 학회 간부 가운데 두 사람은 고문으로 옥사했다.

이정근 선생은 민족적 자긍심이 강한 분이었다. 우리가 6학년이 되어 학예회에서 선생의 지도로 〈이순신 장군〉을 연극으로 만

들어 발표하자 일본인 교장이 노발대발했다. 이 일이 원인이 되어 학교에서 나가게 되었지만, 선생은 한글 이야기를 통해 우수한 민족문화의 성과나 전통, 민족의 긍지를 깨닫게 해주었다.

우리는 선생님 댁에까지 자주 놀러 갔다. 연말이 되면 학생들의 부모가 선물로 감귤 따위를 보냈다. 추운 만주에서 그런 과일은 평소에는 도무지 볼 수도 없는 귀한 것이었다. 손가락이 노래질 정도로 감귤을 까먹으면서 선생의 이야기를 듣는 것이 얼마나 즐거운 일이었는지 모른다.

선생의 고향은 금강산이 있는 강원도 온정군이다. 선생은 아름다운 금강산의 갖가지 전설도 많이 들려주셨다. 아무도 가 본 적은 없지만 우리 마음속에는 금강산이 자리 잡았고 언젠가 꼭 가 보리라고 마음먹었다.

꿈에 그리던 금강산

이정근 선생이 늘 이야기해 주시던 금강산을 내가 조선대학교 학생들을 데리고 처음으로 방문한 것은 1973년의 일이다.

흔히 금강산은 일만이천봉이라고들 한다. 그저 어떤 한 곳이나 좁은 지역에 국한된 명승이 아니다. 북녘땅을 중심으로 남녘땅까지 걸쳐 160제곱킬로미터에 이르는 넓은 지역은 외금강, 내금강, 해금강으로 나뉘어 저마다 풍경이 다 다르다. 기암절벽과 맑은 계곡, 마치 허공에서 떨어지는 듯한 폭포, 유서 깊은 사찰들이나 온천에 이르기까지, 금강산은 천지의 오묘한 조화를 여기에 다

모아 놓은 게 아닌가 하는 생각이 들 정도로 아름답다.

　말로는 들어 왔지만, 우리가 절경에 취해 줄곧 탄성을 지르자 안내원이 금강산의 진짜 아름다움은 금강문을 지나는 이제부터라고 말했다. 거대한 자연이 빚어낸 바위로 된 세모꼴의 좁은 금강문을 지나 선녀들이 목욕을 했다는 전설이 있는 옥류계곡, 부처의 위엄에 눌려 아홉 마리 용이 도망치면서 만들어졌다는 구룡연, 신비한 적막함을 담고 있는 상팔담이나 금강산의 전모를 내려다볼 수 있는 만물상에도 올랐다.

　범이라고 생각하면 범으로 보이고 독수리라고 생각하면 독수리로 보이는 갖가지 기암절벽과 계곡, 폭포와 고찰의 절묘한 조화는 마치 한 폭의 산수화를 보는 듯했다. 옛 사람들이 무릉도원이라고 일컫는 곳이 바로 이런 곳을 두고 하는 말이구나 하고 생각했다.

　나는 소학교에 다닐 때 이정근 선생한테서 들은 망장천(忘杖泉)이라는 샘도 찾아갔다. 이 샘물을 마신 노인이 완전히 젊음을 되찾아 그만 지팡이도 잊어버리고 돌아갔다는 전설이 있다. 우리는 차갑고 물맛이 좋은 이 샘물을 몇 번이고 들이켰다. 그날 온정리에 묵게 된 우리는 식민지 시대에는 조선 총독이나 고위 관리들만 들어갔다고 하는 목욕탕에 들어가 온천을 만끽했다.

　이튿날에는 해금강으로 갔다. 바다에 우뚝 솟은 거대한 기암이 늘어선 총석정이나 노송이 있는 섬들이 점재해 있는 해금강은 외금강과는 또 다른 절경이었다. 바닷가로 돌아오니 그곳 어업조합

사람들이, 멀리 일본에서 학
생들이 왔다고 해서 큰 가마
솥에 끓인 조개 죽을 대접했
다. 이곳에서 채취한 '섭조개'
와 쌀을 넣고 이틀을 꼬박 쑨
섭조개 죽은 너무 맛있어서
학생들은 거리낌도 없이 두
그릇 세 그릇씩 비웠다.

금강산 만물상에서

우리는 삼일포도 가 봤다.
바다와 붙어 있는 이 호수는
옛날 옛적에 어떤 왕이 하루
놀러 왔다가 그 맑고 아름다운 풍광에 반해 사흘이 훌쩍 지나갔
다는 전설에서 유래한 이름이라고 한다. 깊고 빽빽한 소나무 숲
에 둘러싸인 정적의 공간에서 호흡을 하고 있으니 대자연 속에
안겨 몸도 마음도 깨끗해지는 기분이 들었다.

학생들은 모두 일본에서 태어나서 자라 조국 땅을 밟은 건 그
때가 처음이었다. 하지만 수려한 산천을 돌면서 이토록 아름다운
조국을 가진 것을 가슴속으로 흐뭇하고 자랑스럽게 생각했다.

봉천보통학교를 졸업한 뒤로 37년이나 지나서야, 나는 존경하
는 이정근 선생의 고향이 있는 금강산 땅을 감개무량한 심정으
로 방문했다. 선생은 금강산의 아름다움을 이야기해 주면서 우리
들의 어린 가슴에 수난의 길을 걷고 있는 조국에 대한 사랑과 민

족의 자긍심을 심어 주셨다. 오늘날 일본에서는 '스승'이나 '은
사' 같은 말은 거의 사어가 되었지만, 우리 제자들을 사랑하며 고
난에 굴하지 않고 훌륭한 조선 사람으로 살아가라고 가르쳐 주신
스승의 크나큰 은혜를 나는 지금도 잊을 수가 없다.

3장

'만주국'의 실태

1. '만주국'과 기시 노부스케

관동군에 쫓겨 장쉐량 군벌은 사라지고 1932년에 이른바 '만주국'이 설립되었다. 하지만 우리의 생활은 변함없이 고달프기만 했다. A급 전범이었음에도 전후에 수상에까지 오른 기시 노부스케(岸信介)는 '만주국'이 '오족협화(五族協和)의 이상국가'였다고 강변하고 있지만, 역사를 왜곡하는 데에도 정도가 있다.

내가 다니던 중학교는 군사교련 때 베이다잉이라는 곳으로 자주 행군했다. 선양은 교외로 조금만 나가면 사람이 아무도 없는 그야말로 허허벌판이다. 이곳을 지나갈 때 헌병들이 권총으로 순식간에 몇 사람을 사살하여 시체를 도랑에 차 넣는 것을 본 적이 있다. 다른 학급의 행군에서도 똑같은 광경을 봤다고 하니까 이런 처형은 자주 일어나는 일이었을 것이다.

중국인 거리의 입구에 소서변문(小西邊門)이라는 아치형 성문이 있는데, 그곳에는 항상 잘린 사람 머리가 열 두가량 철사에 매

달려 있었다. '공산비적'에게 본때를 보여 준다고 하는 것인데, 비바람을 맞아 며칠 지나면 꺼멓게 변한다. 이 희생자들 가운데에는 조선 사람도 있고 중국 사람도 있었을 것이다. 이런 끔찍한 장면을 보고, 일본 관동군과 헌병은 어찌 이리도 참혹한 일을 저지르는 것일까 하고 혐오감을 느끼지 않을 수 없었다.

식량 배급도 일본인에게는 전부 백미를 주었지만, 조선인이나 중국인에게는 조와 수수가 많았고 기름이나 설탕 배급에서도 노골적인 차이가 났다.

조선인 사회에는 연장자 앞에서는 담배나 술 따위를 멀리하고 윗사람을 존경하는 풍습이 있다. 그런데 젊은 일본인 경관이나 관리들은 아버지나 할아버지뻘 되는 조선인이나 중국인에게 아무렇지도 않게 "어이, 이봐" 하고 반말을 일삼았다. 이런 일은 반일감정을 들끓게 했다. 일본 민간인들도 조선인이나 중국인을 때리거나 더러운 말로 욕하는 것이 드문 일이 아니었다.

이래서야 어떻게 '만주국'을 '오족협화의 이상국가'라고 말할 수 있겠는가.

비참한 식민지

'만주국'의 실태는 관동군과 만철이 지배하는 천하였다. 만주국이 성립될 때 일본과 주고받은 '일만의정서'(日滿議定書)에는 주권의 가장 중요한 부분인 외교권과 군사권을 일본이 장악하는 것으로 되어 있다. 그전까지 만철 연선에만 배치하고 있던 일본

군대를 이제 만주 전역으로 자유로이 이동할 수 있게 된 것이다. 중앙정부 기관의 책임자에는 형식적으로 중국인이 취임해 있었지만, 실권을 쥐고 있는 자는 차장인 일본인이었다. 지방 기관도 다를 바 없었다.

일본 특무기관은 청조 최후의 황제인 푸이(溥儀, 선통제)를 톈진의 거처에서 끌고 와서 만주국 황제 자리에 앉혔다. 원래 만주는 청조의 발상지로 푸이의 성은 애신각라(愛新覺羅)라고 해서 한족의 성씨와는 완전히 다르다. 즉 만주족 족장인 푸이를 '만주국' 황제에 앉히면 '민족자결'이라는 대의명분도 생겨 국제적인 비난을 피할 수 있으리라는 것이 일본의 계산이었지만, 당시 국제연맹 가맹국들은 '만주국'을 인정하지 않았다. 일본과 함께 3국동맹을 맺은 독일과 이탈리아 정도가 '만주국'을 승인했을 뿐, 나머지 국가들은 괴뢰국가로 보아 국가로 승인하지 않았다.

일본 정부는 1936년부터 만주로 대대적인 이민 계획을 개시했다. 20년 동안 일본 농민 1백만 호를 이주시켜 일본의 농촌 빈민 문제를 해결함과 동시에 만주 전체 인구의 10퍼센트가 되도록 해서 만주 식민지화의 기반을 강화하는 것이 목적이었다. 이주한 일본 농민의 '개척촌'은 소련과의 전쟁을 상정하여 주로 소련-만주 국경 일대에 배치되었다. 일본 농촌에서 건너온 대부분이 둘째, 셋째 아들인 이주 빈농에게 분배된 토지는 중국 농민한테서 수탈한 것이었으므로 중국인의 깊은 원한을 사게 되었다. 이것은 1910년대에 일본인이 조선 농민으로부터 토지를 수탈해 일본 이주 농민에게 나누어 주던 수법을 답습한 것이었다.

일본 정부는 당시 "신천지로 진출하자"며 대대적으로 만주 이민 붐을 일으켰다. 이 붐을 타고 많은 일본인이 "대륙으로, 만주로 가자!" 하며 바다를 건너갔다. 〈백란(白蘭)의 노래〉, 〈대륙의 새 색시(花嫁)〉, 〈건설의 노래〉 같은 영화나 가요가 크게 유행하고, 일본 독점자본이 '만주 개발'에 본격적으로 뛰어든 게 바로 이 시기였다. 바야흐로 태평양전쟁으로 이어지기 직전 아주 잠깐이나마 일본 제국주의의 앞길에 '장밋빛 미래'가 열렸다는 착시 현상이 나타난 것이다.

당시 '혁신 관료'라 불리던 기시 노부스케는 '만주국' 산업부 차장으로 관동군과 연결되어 만주를 일본 식민지로, 대소 전쟁의 기지로 바꾸기 위해 수완을 발휘하고 있었다. 당시 그는 '만주의 3스케'로 불리며 아이카와 요시스케(鮎川義介, 닛산 콘체른의 총수), 마쓰오카 요스케(松岡洋右, 만철 총재)에 버금갈 정도로 권세를 휘두르며, 주말이 되면 당시로서는 드문 만철의 냉난방 초특급 열차 '아시아호'를 타고 선양이나 다롄으로 호화 유람을 다녔다는 유명한 이야기가 있다.

하지만 이런 사실에도 아랑곳하지 않고 "만주를 침략할 생각은 털끝만큼도 없고" 만주야말로 '이상국가'였다고 기시 노부스케는 말하고 있다. 다른 민족을 억압하며 마음대로 권세를 휘두른 그가 보기에는 확실히 '이상국가,' '왕도낙토'였을지 모르지만, 만주의 실정은 비참한 식민지 그 자체였다.

만철의 초특급 열차 '아시아호'

　전후 극동국제군사재판에서 기시 노부스케는 도조 히데키(東
條英機)의 교수형이 집행된 이튿날 연합국 최고사령부에 의해 석
방되어 뒷날 수상의 지위까지 올랐다. 그리하여 일본 국민의 격
렬한 반대가 있었음에도 우격다짐으로 미일안보조약 개정에 조
인했다. 기시는 만주에서도 관동군의 무력을 배경으로 타민족을
억압하고 침략 정책을 밀어붙였는데, 이런 역사적 사실을 숨기며
'왕도낙토' 운운하는 것은 양심이 있고 염치를 아는 사람이라면
도저히 불가능한 일이다.

2. 기시 노부스케와 아베 신조

A급 전범인 기시 노부스케의 외손자 아베 신조(安倍晋三)는 권력 지향적인 인물로 사고방식이나 수법이 기시와 많이 닮았다. '납치 문제'에 대해 강경한 태도를 주무기로 하여 2006년 9월에 성립된 아베 내각은 붕괴하기까지 1년 동안 조선민주주의인민공화국(정부를 가리킬 경우 흔히 '공화국'으로 줄임)에 대한 적대 정책과 조선총련에 대한 탄압을 일삼았는데, 이는 역대 내각에서 찾아볼 수 없을 정도로 상궤를 벗어난 것이었다.

조선총련은 두 나라 사이에 국교가 없어서 대사관 역할을 떠맡아 했으며, 양국을 연결하는 우호친선 교류의 공간으로 중요한 역할을 해왔다. 총련은 이런 공화국의 권위 있는 해외 공민 단체이다. 잘 알려지지 않았지만, 현재 공화국과 미국 사이에는 '교전을 일시 중지한' 정전협정이 있을 뿐, 법적으로는 조선전쟁 이후에도 전쟁 상태가 지속되고 있다. 일촉즉발의 중대한 군사적 충돌 위기도 몇 차례 있었다. 하지만 조미 간에 교섭 라인이 완전히 단절된 적은 없다.

미국외교정책회의(NCAFP)는 전 국무장관 헨리 키신저, 전 주한대사 도널드 그레그도 참여하는 영향력 있는 단체이다. 조선과 미국은 이런 채널 등을 활용하여 긴장이 커지는 상황에서도 비공식 접촉을 계속 유지해 왔다. 이렇게 해서 카터와 클린턴 전 대통령을 비롯하여 국무장관, 국방장관, 상하원 의원, 각 주지사, 재즈 가수에 이르기까지 저명한 인사들이 공화국을 방문하고 있다. '나비처럼 날아서 벌같이 쏘는' 세계적인 권투 선수 무하마드 알리도 방문한 적이 있다. 지난 2006년에는 뉴욕필하모닉오케스트라의 평양 공연도 실현되었다.

조선총련에 대한 끊임없는 탄압

국제법적으로는 교전 상태에 있는 미국과도 교류를 끊지 않고 있는데, 어째서 일본만은 유별나게 그 어떤 국가도 하지 않는 '독자적 제재'를 계속하면서 공화국과 연결되어 중요한 역할을 해온 조선총련을 탄압하는 것일까. 교섭 라인을 끊는다면 대화 창구도 없어지게 마련이다.

아베 정권은 또한 어떤 정권에서도 굳이 하지 않았던 조선총련 중앙에 대해 강제수사를 강행했고, 총련 각 지방본부와 상공회, 과학자협회, 유학생동맹에 대해서도 잇달아 탄압을 가해 왔다. 심지어 인도주의 선박인 '만경봉 92'의 입항을 금지하고 재일조선인에 대한 재입국 허가 규제도 강화하고 있다.

수상 관저의 주동 아래 경찰은 정치 탄압의 첨병이 되어 맹위를 떨치고 있었다. 아베 총리의 측근 중에 측근이라고 하는 우루마 이와오(漆間巖) 경찰청 장관은 2006년 11월 30일 기자회견에서 "북조선에 대한 압력을 담당하는 것이 경찰의 역할이다"라고 했다(우루마는 나중에 아소 정권의 관방 부장관이 되었다). 이 발언은 고위급 경찰이라고는 생각할 수 없는 상식 밖의 폭언이다. 우리는 경찰 본래의 임무가 사회의 안녕과 질서유지, 법에 바탕을 둔 범죄 수사라고 생각하고 있는데, 이 자는 공화국에 대한 외교적 압력과 정치적 탄압의 수단으로 경찰 권력을 행사하겠다고 한 것이다. 이런 상황은 아베 신조가 가진 파시즘 체질과 공화국에 대한 과잉 적대 정책을 그대로 반영한 것이다.

민족과 조국에 대한 자각

만주에서 타민족을 억압하고 권세를 휘두르던 기시 노부스케는 결국 일본 패전이라는 파국을 피할 수 없었다. 아베는 외할아버지한테서 배워 시종일관 대미 추종을 이어 가고 공화국과 조선총련에 대해 강경한 태도를 보이며 수상에까지 올랐다. 그러나 시대의 흐름을 거스르며 재일조선인에 대해 비상식적인 탄압 일변도 정책을 이어 가던 아베 신조는 정권을 포기하고 만신창이가 되어 퇴진할 수밖에 없었다. 국민의 지지를 잃게 만든 강권적인 정치적 체질이 불러온 당연한 결과라 할 수 있다.

기시 노부스케가 말하는 '왕도낙토의 만주국'에 살거나 중국 옛 군벌의 지배 아래 살거나, 나라를 빼앗긴 우리들에게는 빈곤과 박해, 비참함만 끝없이 쌓여 갔다. 아무리 참기 어려운 굴욕이나 박해를 받아도 나라 없는 우리들의 고달픔이나 호소를 들어주고, 따뜻한 구원의 손을 뻗어 줄 데는 이 넓은 하늘 아래 어디에도 없었다. 나는 어렸지만 동포들이 받는 고초나 불행은 조국이 없기 때문이라고 생각하게 되었다. 누군가에게 배우거나 책을 보고

익힌 것은 아니지만, 고달픈 생활과 체험을 통해 민족과 조국에
대해 조금씩 각성해 갔다.

우리들은 아직도 미국에 의한 국토 분단의 아픔을 견디면서 민
족이나 조국에 대한 사랑을 마음의 지지대로 삼아 통일을 향해
끈질기게 나아가고 있다. 우리 재일조선인 1세대의 간절한 바람
은, 아니 보통 조선 사람 모두의 염원은 우리가 경험한 비참한 역
사를 자식이나 후손들이 결코 되풀이하지 않게 하는 것이다. 그
것을 위해서라면 어떤 희생을 치르는 일이라도 마다하지 않을 것
이다.

3. 봉천 제1중학교와 정학처분

전쟁이 확대되어 가는 와중에 우리 집은 1940년경 선양을 떠
나 선양과 지린(吉林) 중간에 있는 영액문(英額門)이라는 작은 한
촌으로 이주하게 되었다. 중국인 100호 남짓에 조선 농민이 몇 호
있는 작은 마을이었지만 나는 친척의 도움으로 선양에 남아 중학
교를 다니게 되었다.

내가 다니던 봉천 제1중학교는 만철이 만주에 처음으로 세운
중학교였다. 전쟁 전에 만주에서 생활한 사람이라면 누구나 잘
알고 있듯이 만철은 일본이 만주를 '경영,' 다시 말해서 침략하기
위해 설립한 국책회사였다. 1905년 러일전쟁에 승리해 제정 러

남만주철도주식회사 본사(다롄)

시아를 쫓아낸 일본은 그해 조선을 보호국으로 삼고 곧이어 만주
침략에 들어갔다. 이듬해인 1906년에는 외국 자본의 도입을 완전
히 배제하고, 일본 자본으로 반관반민 회사인 만철을 세워 만주
를 세력권에 넣고 식민지화를 위한 정책을 적극적으로 펼쳤다.

　러일강화조약에 따라 관동주(關東州, 지금의 요동반도)를 조차지
로 하고 창춘에서 다롄에 이르는 철도를 러시아한테서 접수한 일
본은 이 철도 경영을 만철에 위임했다. 만철은 남만주의 대평원
을 종단하는 철도의 대동맥을 장악하고 신의주와 선양을 연결했
다. 제국주의 시대의 철도는 식민지를 수탈하는 기능을 담당했는
데, 일본은 이런 식으로 일본-조선-만주를 잇는 일대 침략 루트
를 완성했다.

남만주철도주식회사

만철은 푸순 탄광, 안산과 번시후(本溪湖)의 철광을 대대적으로 개발하는 동시에 만주에 풍부한 콩을 비롯하여 농산물을 지배했다. 또한 철도 부속지도 경영하고 있었다. 선양의 경우, 광대한 철도 부속지는 신시가라고 불리었는데, 여기에는 소학교가 몇 곳 있었고 중학교, 여학교, 상업학교와 공업학교, 의학대학, 넓은 공원, 대운동장, 호화 호텔, 백화점, 신사, 절 등이 있어 그야말로 일본 영토 같았다.

만철은 유명한 조사부를 보유하고 있었다. 이 기관은 소련이나 중국과의 전쟁에 대비하여 산업과 교통에서 기후, 풍토, 수질, 질병, 민족, 종교, 풍속, 관습에 이르기까지 온갖 분야를 상세하게 연구했는데, 연간 예산이 옛 도쿄제국대학에 필적할 정도로 방대했다고 한다.

이런 만철의 철도를 포함한 권리를 수호하는 군사력으로 조직된 것이 관동군의 전신인 철도수비대였다. 만주는 사실상 만철왕국이었고 관동군 왕국이었다. 일본은 만철과 관동군이라는 두 가지 힘을 지주로 해서 '만주 경영' 즉 만주 침략을 본격화하고 있었다.

만철은 풍부한 자금원을 바탕으로 선양에 최신 시설을 갖춘 의과대학과 각급 학교 및 도서관 등 교육·문화 시설도 정비해 갔다. 내가 다닌 봉천 제1중학교도 그 가운데 하나였다.

봉천 제1중학교는 커다란 기숙사가 있어 멀리 만철 각 연선에서 온 학생도 많았다. 조선 학생도 해마다 서너 명 정도 입학했는데, 내가 다닐 때는 전교에서 스무 명 조금 못 미치는 조선 학생이 재학하고 있었다. 나는 조선인 소학교에서 조선총독부 검정 교과서로 공부한 탓에 일본 역사나 지리는 잘 몰랐다. 이과 과정에서도 살구꽃에 대해서는 배웠지만 벚꽃은 본 적도 없거니와 수술이나 암술이 몇 개 있는지도 몰랐기 때문에 입학시험에서 꽤 고생했다. 그래도 어떻게든 입학은 할 수 있었다.

봉천 제1중학교 입학과 유도부

나는 입학해서 과외활동으로 망설이지 않고 바로 유도부를 선택했다. 이유는 간단했다. 일본 학교에 들어가면 일본인 학생한테 괴롭힘을 당하는 일이 있기에, 싸움에 지지 않으려면 완력이 강해야 했고 유도로 단련하면 좋겠다고 생각했던 것이다.

나는 유도가 정신을 중시하는 무도라는 것을 이해하고 결국 구제 고등학교에 입학한 뒤에도 귀가 찌부러질 정도로 열심히 연습을 했다. 유도를 할 때 특히 고통스러운 것은 혹한 훈련이었다. 새벽 4시에 일어나서 영하 30도 날씨에 몇 킬로미터를 걸어 학교에 도착하면, 난방이 되고 있다지만 연습복으로 갈아입을 때는 그야말로 생지옥이 따로 없었다. 하지만 나는 5년 동안 반드시 개근하자고 결심했다. 그 정도 일도 견뎌 내지 못하고야 어떻게 강해질 수 있겠는가, 단련해야 강해진다고 생각했기 때문이다.

혹한 훈련 5년을 개근한 것을 평가받았는지 졸업 때 표창을 받

봉천 제1중학교

은 5명 가운데 나도 포함되었다. 어릴 때부터 항상 괴롭힘을 당해
와서 일본인들만 있는 중학교에 입학할 때 누구에게도 괴롭힘을
당하지 않겠다고, 공부든 운동이든 절대 일본 학생에게 지지 말
자고 다짐한 마음이 무척 강했기 때문이라고 생각한다.

당시 교장은 데라다 기지로(寺田喜次郞)라는 선생이었다. 히로
시마에서 교편을 잡고 있을 때는, 패전 후에도 석방되지 않고 옥
사한 진보적인 철학자 미키 기요시(三木淸)를 가르쳤다고 들었다.
학생과 학부모들한테 존경받았고 조선인 학생이라고 차별하지
않았으며 장학생으로 추천도 해주었다.

봉천 제1중학교는 대학 진학을 위한 학교였지만 스포츠로도
유명해서, 유도부는 만주의 중학교 대표로 여러 차례 일본으로
원정을 가기도 했고 스케이트에서는 올림픽 대표 선수를 배출하
고 있었다. 조선 학생은 수는 적었지만 유도나 축구, 육상 등에서

주전 선수에 늘 포함되어 있었다. 나는 1,500미터 달리기 기록이 좋아 유도부에 소속되어 있으면서도 학교 대항 시합이 있을 때면 육상 경기에 동원되기도 했다.

옛날 중학교에는 '철권 제재'라고 해서 점심시간에 상급생이 하급생을 부실로 불러 갖가지 이유를 대며 때리곤 했는데, 5년 동안 나는 이 철권 제재 세례를 받은 적이 한 번도 없었다. 조선인 선배들이 스포츠 활동의 맹자로 세력을 떨치고 있었고, 나 자신도 스포츠를 열심히 하고 있었기 때문이 아닐까 생각된다.

2주간의 정학 처분

그런데 그 시기에 나는 큰일을 하나 저지르고 말았다. 우리 중학교에서는 3학년이 되면 관동군 병영에 실제로 입소하여 군사 교련을 받게 되어 있었다. 만철 연선의 궁주링(公主嶺) 병영에서 훈련을 마치고 학교로 돌아올 때, 나는 학우 몇 명을 모아 배속 장교에 대한 욕을 잔뜩 적은 항의 글 나무패를 병영 한 귀퉁이에 세워 두었다. 그런데 우리 조와 교대한 조의 선생한테 발각되어 교무회의에서 문제가 되었다.

행군이나 훈련이 너무 힘들었던 것이 원망스러워 울분을 풀고자 했고 한편으로는 장난스런 마음도 작용했지만 간단히 해결될 문제가 아니었다. 나쓰메 소세키의 소설 《도련님》에서는 낙서가 큰 사건이 되지 않고 그대로 해결되었지만, 그 시절에 군사 교관을 험담하는 행위는 '제국 군인에 대한 모욕'이 될 수 있는 큰 사건이었다. 나는 앞뒤 생각도 없이 엄청난 일을 벌이고 말았던 것이다.

동급생들은 다 내가 주동자라는 것을 알고 있었지만 아무도 고자질하지 않았다. 학교 측은 어쩔 수 없이 필적 조사를 벌이고 학생들을 불러 탐문하기 시작했다. 일이 커져 모든 학생들에게 폐를 끼치게 되자 나는 배속 장교에게 내가 했다고 실토했다. 교관은 크게 화내면서 한 대 때릴 뿐이었지만 학교 측은 2주간의 정학 처분을 내렸다. 하지만 동급생들 사이에, "조선인 주제에 군인을 모욕한 벌이다"라고 비난하는 사람은 하나도 없었고, 오히려 "빨리 돌아와, 힘내!" 하고 격려해 주었다. 정학이라는 징계를 받고 나는 꽤 우울해져 있었지만 급우들의 '사나이 의리'에는 감격했다.

동창 친구들

이 '사건'은 60년이나 지난 일이지만 퍽 인상 깊었나 보다. 학급은 달라도 나와 동급생인 에토 신키치(衛藤瀋吉, 아시아대학 학장, 도쿄대학 명예교수)는 몇 해 전에 다소 기억이 잘못된 점도 있지만 분게이슌주(文藝春秋)에서 출판한《그래도 만주》(されど滿洲)에서 그 일을 추억으로 기록하고 있다. 나는 부끄럽기도 하고 또 그립기도 한, 나 스스로도 잊고 지내던 소년 시절이 떠올랐다. 에토한테는 조선대학교 인가 획득 문제가 어려워졌을 때 많은 신세를 졌다. 아무리 시간이 흘러도 동급생이란 건 좋은 것이라고 절실히 느끼게 된다.

중학교 동창생 우다 히로시의 출판기념회에서(오른쪽이 지은이)

우다 히로시(宇田博)는 많은 사람들이 즐겨 부르는 〈북으로 돌아가는 길〉(北歸行)의 작사 · 작곡자로 유명한데, 중학교 한 해 선배이다. 내가 조선총련 중앙에 있을 무렵 TBS(도쿄방송)의 이사로 활약했는데, 가끔 만나기도 하고 출판기념회에 초대받아 인사를 하기도 했다. 그는 중학교 시절 대단한 수재였지만 공부벌레가 아니었고 언제 어디서 공부하는지 종잡을 수 없었지만 늘 일등을 차지했다. 하지만 잘난 척도 하지 않았고 조선 학생과도 잘 지냈기 때문에 하급생이나 우리 조선 학생에게 인기가 좋았다. 그는 전쟁 중에 아무리 해도 군국주의에 어울릴 수 없었는지 '만주국'의 고급 관료를 양성하는 건국대학을 자퇴하여 도쿄 제1고등학교(구제 고등학교로서 제국대학의 예과)에 다시 들어갔다. 그는 기회만 있으면 일본을 벗어나 아득한 윤회의 강이라 불리는 인도 갠지스 강에 찾아가 보고 싶다고 늘 말하곤 했다. 그의 노래 〈북으로 돌아가는 길〉에는 이런 심정이 깃들어 있는 것 같다.

우다 히로시는 텔레비전 방송 관련 대표로 공화국을 방문하여 김일성 주석과 만났다. 텔레비전 관련 사업을 통해 조·일 문화교류와 친선을 위해 여러모로 애를 썼는데 일찍 저세상으로 갔으니 참 안타까운 일이다.

40년 만에 다시 찾은 선양

1987년에 중국 정부의 초청으로 나는 조선총련 금강산가극단과 더불어 중국으로 공연을 떠나게 되었다. 그때 첫 공연지로 예정된 선양을 40년 만에 다시 찾았다. 내가 살던 시절에는 인구 50만 명 정도였는데, 엄청난 발전을 이루어 5백만 명이 넘는 대도시로 변모해 있었다. 상전벽해라는 말 그대로였다. 내가 살던 시절 베이링 마을의 논들은 흔적도 없이 사라지고 넓은 단지가 들어서 옛날 모습을 그리워할 실마리라고는 남아 있지 않았다. 그러나 봉천 제1중학교의 빨간 벽돌로 지은 그리운 3층 건물은 옛날 모습 그대로 남아 있었다. 지금은 '선양 제39중학교'라는 명문 학교가 되어 조선족 학생도 많이 다닌다고 한다. 학창시절 다니던 길과 교실이 있던 곳을 바라보며 감개무량해서 한참 동안이나 발을 멈추었다.

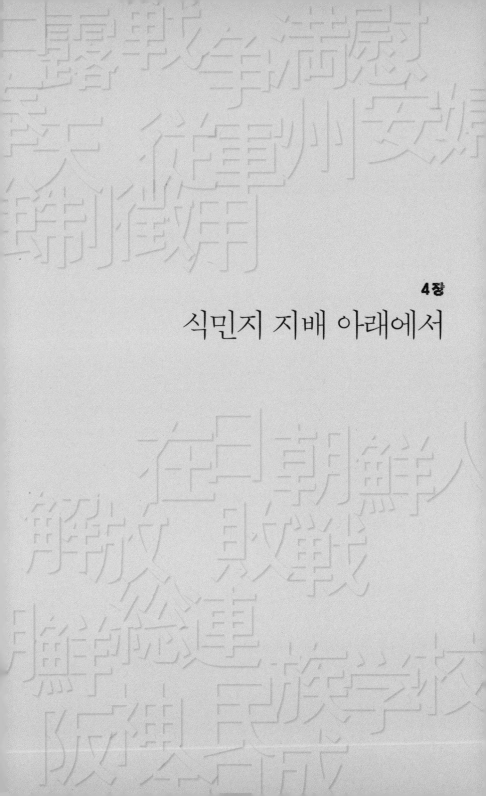

4장

식민지 지배 아래에서

1. 할머니가 들려준 옛이야기

할아버지는 학교 문전에도 가 본 적이 없는 분이지만 한문에 소양이 있어서, 나는 학교에 들어가기 전에 할아버지한테 천자문을 배웠다. 내 이름인 종원(宗元)은 본가의 장남이라는 뜻을 갖고 있다. 물론 종갓집은 아니고 지방에 있는 작은 가문의 본가인데, 아직 봉건적 관습이 남아 있었던 터라 나는 장남이라는 이유로 언제나 할아버지와 겸상을 했다. 할아버지는 집안에서 가장 권위 있는 존재였고 나도 가족이나 친척들한테 귀하게 여겨졌다.

내 고향 의주는 임진왜란 때 임금이 피난길에 올랐던 곳으로 지금도 왕족 일가가 머물던 통군정이라는 고적이 있다. 당시 우리 조상은 뭔가 공을 세워 지방 관직을 하사받았다고 한다. 할아버지는 이 일을 백씨 집안의 '큰 명예'로 여겨, 조상의 이름을 더럽히는 일을 해서는 안 된다고 늘 말씀하셨다. 지금 와서 생각해 보면, 우리 집이 만주로 유랑하며 온갖 모욕과 박해를 받고 있지만 결코 가문의 긍지나 자존심까지 버려서는 안 된다고 손자인 나에게 타이르고 싶으셨던 것이 아닐까.

도요토미 히데요시와 귀무덤

소학교에 입학하기 전, 할머니는 늘 잠자리에서 옛이야기를 해 주셨다. 도요토미 히데요시는 수많은 우리 백성을 죽인 흉악한 인간이고 그 부하인 고니시 유키나카(小西行長)는 평양 기생 월향의 도움을 얻은 의병대장 김응서의 칼에 목이 잘렸다는 이야기를 들려주셨다. 물론 실제 역사에서 고니시 유키나가는 세키가하라(關ヶ原) 전투에서 패하여 교토의 시조가와라(四條河原)에서 도쿠가와 이에야스한테 죽임을 당한 것이지만, 도요토미 히데요시를 증오하는 할머니의 이야기에는 평양에서 살해당한 것으로 되어 있었다.

두 차례에 걸친 임진왜란과 정유재란(일본에서는 文祿の役, 慶長の役)으로 벌어진 파괴와 약탈의 피해는 이루 헤아릴 수가 없었다. 일본에서 100년에 걸쳐 험악한 전국시대를 보낸 역전의 사무라이 군단을 이끌고 조총이라는 새로운 무기를 잔뜩 보유한 히데요시 군대는 불시에 공격을 감행했다. 이런 침략이 있기 전부터 70년 동안이나 계속된 내부의 권력 다툼으로 국력도 국방력도 쇠퇴해 가던 조선왕조는 순식간에 위기에 빠지고 말았다.

보이는 건 모두 불 지르고, 죽이고, 닥치는 대로 약탈하는 히데요시 군의 침략은 잔인함이 극에 달했다. 심지어 무수한 농민을 살해하고 코와 귀를 베어 소금에 담가 일본에 있는 도요토미 히데요시 앞으로 보냈다. 이런 만행은 왜장들이 자신의 전공을 과시하고 논공행상에 오르고자 한 것인데, 오늘날 교토에 있는 귀무덤(耳塚)은 여기에서 유래한 것이다.

에도 시대 중기의 유학자 아메노모리 호슈(雨森芳洲, 1668~1755년)는 겐로쿠 · 교호(元祿 · 享保) 시대에 쓰시마 번에서 30년 동안 조선과의 외교에 종사한 덕망 있는 학자이다. 그는 당시 막부에 큰 영향력을 행사하고 있던 아라이 하쿠세키(新井白石)한테서 "기풍과 정신이 빼어나고 재주와 언변이 해박하다"(風神秀朗 才辯該博)라고 칭송받은 인물이다. 그는 "도요토미 히데요시는 승냥이나 살무사의 본성을 지니고 태어난 자로서, 명분 없는 불의의 전쟁을 일으켜 조선인뿐 아니라 수많은 일본인도 죽였다"라면서 그 죄를 날카롭게 추궁했다.

이와 같은 역사적 교훈을 바탕으로 그는 "조선인에게 혐오스러운 일을 강요하고 일본인이 저지른 잘못을 고치려 하지도 않는다면, 결국은 재앙으로 되돌아올 것이다"고 경고했다. 그는 또 "조선의 사정을 모르고서는 서로 신뢰나 원활한 관계를 실현하기란 어렵다"고도 말하고 있다.

아메노모리 호슈는 조선과 일본의 관계를 두고 "좋은 이웃과의 친선은 나라의 보물"이라는 일관된 태도를 견지했다. 제 나라 사고방식을 기준으로 타국을 판단하고 편견을 가지거나 멸시하는 일을 경계하여 반드시 상호 평등의 입장에 설 것을 주장한 그의 식견은 오늘날 조일 관계에도 여전히 적용되는 귀중한 생각이라 하겠다.

조선 사람의 깊은 상처

도요토미 히데요시가 침략해 오자 왕 일가와 귀족들은 한양을 버리고 서둘러 피란길에 올랐다. 하지만 평양성을 끝까지 지킨 의병들, 부녀자까지 참가한 행주산성 전투, 서산대사가 이끈 묘향산 승군들의 전투에서 볼 수 있듯이 전국적으로 궐기한 민중의 투쟁, 히데요시의 수군을 격멸해 왜군의 운송로와 퇴로를 차단한 이순신 같은 탁월한 장군의 분투로 그때마다 왜군을 격퇴하였다. 결국 도요토미의 천하는 그가 죽은 후 대를 잇지도 못하고 망해 버렸다. 하지만 도요토미 히데요시의 침략으로 벌어진 국토의 황폐화와 혼란은 17세기 이후 우리 사회의 발전을 크게 정체시킨 원인이 되었다.

서당이나 학교에도 다닌 적 없는 할머니가 손자인 나에게 4백여 년 전의 이야기를 해준 까닭은 히데요시의 침략이 대를 이어 전해질 정도로 조선 사람의 마음에 깊은 상처를 남겼기 때문이다. 그런데 그 이야기는 일본 제국주의가 그 무렵 조선에서 저지르고 있던 막대한 식량 수탈과 자원 약탈, 심한 박해와 학정이 겹쳐 있었으므로 그저 옛날이야기로만 끝날 수 없었다.

《민비 암살》이라는 책을 쓴 쓰노다 후사코(角田房子)는 일본공사 미우라 고로(三浦梧樓)가 직접 지휘하여 이웃 나라의 황후를 참살한 사건에 관해 일본 대학생들이 전혀 몰랐을뿐더러 일본이 조선을 식민지로 삼은 사실조차 모른다는 것에 대해 깜짝 놀랐다고 했다. 하지만 이런 상황은 일본 정부가 다음 세대를 짊어질 청소년들에게 역사 교육을 소홀히 한 결과라고 생각한다.

노벨 문학상을 받은 오에 겐자부로(大江健三郎)는 "일본은 과거에 저지른 잘못에 대한 역사적 청산을 태만히 하고 있다"고 지적했다. 이것은 대단히 중요한 발언이라고 생각한다. 남의 발을 밟은 사람은 그 아픔에 대해 모르지만, 밟힌 사람은 아픔을 잊을 수 없다고 한다. 조선 사람이 일본 제국주의에 대하여 품고 있는 심층 심리를 이해하기 위해 일본 사람들은 그런 과거에서 비롯된 깊은 마음의 상처를 알 필요가 있다.

2. '종군위안부'

조·일 관계에서 특히 중요한 일은 15년에 걸친 아시아·태평양전쟁에서 일본 제국주의의 희생양이 된 20만 명의 종군위안부와 강제노동에 끌려간 6백만여 조선인의 비참한 운명을 어떻게 생각하고 대처할 것인가, 과거 청산과 보상을 어떻게 할 것인가 하는 문제이다.

일본군이 모든 전선에 성노예로 끌고 다닌 종군위안부의 참상에 대해, 일본에서는 이제껏 용인할 수 없는 인도주의 문제였지

미군에 수용된 조선인 종군위안부(1945년 6월 오키나와)

중대한 사회 문제로 부각된 적이 없다. 일본 정부와 군이 패전 당시 자료를 거의 다 태워 없애 버렸고, 위안부로 끌려간 이들도 수치감에 자신의 과거에 대해 굳게 입을 다물고 사실을 말하려 하지 않았기 때문이다. 게다가 가미사카 후유코(上板冬子)처럼 "애초에 종군위안부란 것은 없었다"고 말하는 평론가와 연구자, 언론 관계자가 있었던 것에도 원인이 있다.

종군위안부에 대해서는 군인이나 군속으로 전쟁에 동원된 수백만 명의 일본인이 다 알고 있는 부정할 수 없는 사실이지만, 그 참상에 대한 고백이나 증언이 나와도 그것은 민간 업자가 한 일이지 정부와 군은 모르는 일이며 강제 연행 따위는 존재하지도 않았다고 주장해 왔다.

진실을 폭로한 군 자료

이런 태도를 근본적으로 뒤엎는 자료가 1992년에 발견되었다. 그것은 '군위안소 종업부 등 모집에 관한 건'이라는 육군성 병무국 병무과에서 기안한 문서였다. 이 문서에는 병무국장 이마무라 히토시(今村仁, 뒷날 대장으로 진급), 육군차관 우메즈 요시지로(梅津美治郎, 뒷날 참모총장이 됨)의 도장이 찍혀 있다. 이 문서는 종군위안부 문제가 군이 조직적으로 실행한 국가 범죄라는 사실을 폭로하는 결정적인 증거였다.

나라 안팎의 여론이 들끓는 가운데 '고노 담화'라는 '위안부 관계 조사 결과 발표에 관한 내각 관방장관 담화'가 1993년 8월에 발표되었다. 중요한 내용을 담고 있어서 좀 길긴 하지만 그 일부를 인용하자면 다음과 같다.

"위안소는 당시 군 당국의 요청에 따라 설치된 것으로, 위안소의 설치, 관리 및 위안부 이송에 관해서는 구 일본군이 직접 또는 간접적으로 관여했다. 위안부 모집은 군의 요청을 받은 업자가 주로 담당했지만 이 경우에도 감언이설이나 강압 등 본인들의 의사에 반하여 모집된 사례가 많았으며, 특히 관헌 등이 직접 가담한 일도 있었음이 밝혀졌다. 또 위안소 생활은 강압적인 상황 속에서 참혹했다"고 하면서, 위안부의 출신지는 한반도가 큰 비중을 차지하고 "종군위안부로서 엄청난 고통을 겪어 심신에 치유하기 어려운 상처를 받은 모든 분들께 마음으로부터 사죄와 반성의 뜻을 표명하는 바이다"라고 되어 있다.

이 발표는 미국 공문서, 현지 조사, 위안부로 끌려간 이들한테서 직접 증언을 들은 것으로서 당연한 것을 말한 데 지나지 않는다. 이 '고노 담화'는 얼핏 보아 사죄의 형식을 띠고 있지만, 내각의 결정이나 국회의 결의를 받은 것이 아니고 위안부에 대한 보상 문제를 내놓고 있는 것도 아니었다. 다시 말해서 이 '담화'는 일본 정부의 공식적인 사죄라고는 볼 수 없는 것이다.

이런 상황에서도 우익 정치가나 평론가들은 "고노 요헤이는 역적이다," "고노 요헤이는 할복하라"는 등 격렬한 공격을 퍼부었다.

끝나지 않은 역사

1995년 8월 15일에 발표된 '전후 50주년 종전기념일에 즈음하여'라는 제목으로 발표한 무라야마 도미이치(村山富市) 총리의 성명에서도 "통절한 반성의 뜻을 표한다"고 말은 하면서도 종군위안부 문제에 대해서는 구체적으로 언급한 부분이 없었다. 보상 문제에 대해서는 전혀 어떤 대책도 내놓고 있지 않을뿐더러, 무라야마 총리는 기자회견에서 이 문제는 '이미 해결된 것'이라는 인식을 보였다.

후쿠오카 시에 살고 있는 전직 군의관 아소 데쓰오(麻生徹男)는 1939년에 상하이 파견군 병참병원에 근무하던 당시 종군위안부로 연행된 많은 조선 여성의 건강을 검진했는데 "대개 젊고 스무 살이 될까 말까 한 사람이 많았다. 진찰할 때도 머뭇거렸는데, 말하자면 처녀, 신체적으로 때 묻지 않은 사람뿐이었다"고 증언했다(금병동,《고발 '종군위안부'》).

　경찰, 지방관리, 군인들이 강제로 군용선에 태운 조선 여성들은 "여자정신대로 일할 수 있다"거나 "일본에 가면 돈을 벌 수 있다"는 감언이설에 속아 중국과 동남아시아, 태평양 전선으로 끌려갔다. 종군위안부에는 중국, 인도네시아, 필리핀 같은 나라의 여성도 있었지만, 70퍼센트 이상이 조선 여성이었다. 그이들은 일본군이 진출한 곳이라면 어디든 끌려다녔다. 멀리는 일본에서 7천 킬로미터나 떨어진 최전방 남태평양의 솔로몬 해역인 부갱빌 섬까지 실려 갔다.

　종군위안부는 버마, 사이판, 필리핀, 오키나와 같은 격전지에서 성노예로 비인간적인 취급을 당하며 각 전선에서 일본군이 패퇴하고 붕괴될 때 살해되거나 헌신짝처럼 버려져 죽었다. 이분들에게도 꽃 같은 청춘이 있었고, 돌아올 날을 일일천추로 기다리는 가족들이 있었다. 그러나 일제는 그 모든 것을 빼앗고 짓밟았다. 그분들의 최후는 애처롭고 비참하기 그지없었다. 자민당의 유력 정치가 아라후네 세이주로(荒船淸十郎)는 1965년 11월 10일 사이타마 현의 치치부(秩父) 후생회관에서 한 연설에서 "종군위안부로 사망한 여성은 14만2천 명이다"라고 했다. 내각의 장관을 지냈고 여러 정보통을 가진 그의 발언이 근거가 없다고 볼 수는 없다.

　미국 하원에서 종군위안부 문제에 대해 "일본 정부에 사죄를 요구한다"는 결의안을 채택했지만, 당시 아베 총리는 "그런 결의가 있었다고 해서 우리가 사죄할 생각은 없다"고 공언했다(2007년 3월 5일, 참의원 예산위원회). 이것은 해방 전과 조금도 다름이 없는 우리 민족에 대한 일본인의 멸시관을 반영한 것이며, 그가 도덕적 감각조차 상실한 인간이라는 것을 보여 주고 있다.

3. 강제징용

일본 지배 하에서 노동력으로 강제 연행된 우리 동포는 6백만 명이 넘는다. 군인이나 군속으로 직접 전쟁에 동원된 사람만 해도 약 24만4천 명에 이르고 그 가운데 2만2천여 명이 전사했다.

나의 양아버지는 해군에 징용되어 기타치시마(北千島, 쿠릴열도) 방면으로 징용되어, 일본 패전 직전 1944년 5월에 돌아오던 배가 미군 잠수함의 어뢰 공격을 받아 침몰하여 사망했다. 아무 것도 모르고 있던 양어머니 앞으로 어느 날 하얀 나무상자 하나가 도착해서 열어 보니, 이름이 적힌 종잇조각 한 장이 들어 있을 뿐이었다. 양어머니는 일본 정부로부터 위문금이나 연금도 한 푼 받지 못했을 뿐 아니라, 양아버지가 모아 놓았을 저금이나 임금조차 여태 돌려주지 않고 있다. 양어머니는 내 두 아들과 함께 조국으로 돌아가셨는데, 평양에서 세상을 떠날 때까지 남편을 잃은 바다에서 난 것이라고 해서 생선은 입에 대지 않으셨다.

비참하고 참혹하다고밖에 말할 수 없는 운명에 휩쓸린 이 사람들 가운데 지금 남아 있는 분들은 여든, 아흔을 넘기면서 차례차례 사망하고 있지만, 일본 정부가 이분들에 대하여 아직까지 국가 차원의 어떤 사죄나 배상도 하지 않고 있다는 사실을 일본의 일반 시민이나 젊은 세대들은 잘 모른다.

납치문제는 말할 필요도 없이 용서할 수 없고, 두 번 다시 일어나서는 안 되는 일이다. 그런데 일본은 매스컴을 총동원하여 국민감정이나 피해자의식만을 극단으로 자극하고 있다. 이렇게 해서 조선에 대한 혐오감과 적대감만 일방적으로 부추기게 되면, 자국의 문제와 타국의 문제를 생각해 볼 때 균형이 맞지 않고 역사를 객관적으로 볼 수가 없다. 일본 정부는 침략 전쟁으로 큰 피해를 입은 조선이나 아시아 여러 나라의 국민감정을 고려하는 태도를 마땅히 지녀야 한다.

평양선언

고이즈미 준이치로(小泉純一郎) 총리는 2004년 5월 조선민주주의인민공화국 재방문에 즈음하여 "일본과 조선의 비정상적인 관계를 정상화하여 적대 관계를 우호 관계로, 대립 관계를 협력 관계로 바꾸는 것은 두 나라의 이익에 부합한다"는 소신을 표명했다.

유엔 가맹국 193개국 가운데 일본이 국교를 맺지 않은 곳은 단 한 나라, 바로 옆에 있는 조선민주주의인민공화국뿐이다. 이토록 가까운 거리에 있으면서 언제까지나 이런 상태를 계속 유지할 수는 없는 노릇 아닌가. 조선과 일본은 조만간 국교를 정상화하지 않으면 안 되는 이웃나라이다.

2002년에 고이즈미 총리가 공화국을 방문하여 양 정부 사이에 합의를 본 평양선언은 조·일 관계를 정상화하는 데 기본이 되는 훌륭한 문서이다. 이 선언을 바탕으로 조선과 일본 사이에 교섭이 진척되어야 하는데도, 그 합의를 무시하고 대립을 점점 증대시켜 관계를 악화시킨다면 심각한 화근이 남으면 남았지 두 나라의 백년대계를 내다보는 평화와 우호의 초석을 쌓는 일은 불가능할 것이다.

6자회담 참가국 전원이 합의했음에도 일본 정부만 "납치 문제가 해결되지 않는 이상 협력은 없다"고 하면서 적대감을 드러내고 관계 개선에 건설적인 대책을 전혀 제시하지 않고 있다. 일본 정부는 공화국과 조선총련에 대한 제재와 탄압을 강화하는 강경 일변도 정책을 이어 가고 있다. 그런 가운데 인도주의적 선박인 '만경봉 92'의 입항을 금지하고 소포까지 제한함으로써 재일조선인들은 중환자에게 약을 보내는 일도, 병문안을 가는 일도 어렵게 되었다.

"북조선을 경제적으로 궁지에 빠뜨려 내부 붕괴를 촉진시킨다"며 제재를 주장하는 시대착오적인 정치가나 평론가를 지금도 일본에서 볼 수 있는데, 미국 대통령 부시도 그런 말을 계속하다 결국 실패했다. 공화국은 지금 강성국가의 문을 열어 2012년을 목표로 경제를 발전시키고 있다. 압력을 가하면 뭔가 얻는 게 있을 것이라고 보는 것은 어리석은 계산이라고밖에 말할 수 없다. 지금까지 역사적 사실이 보여 주는 것처럼 제재가 성공한 예는 없다.

아무런 구체적 대책도 없이 효과도 없는 제재를 막연히 지속한다면 그것은 외교정책에서 '태만'이라고 볼 수밖에 없다. 이렇게 해서는 관계 개선의 길을 닫을뿐더러, 조·일 문제를 해결할 실마리는커녕 일을 더욱 어렵게 할 뿐이다.

침략을 부정하는 몰상식한 억지

압력 일변도로 초라해진 '납치 외교'는 납치 문제를 한 걸음도 진전시키지 못했을 뿐 아니라, 일본 외교 자체의 창조적인 전개를 가로막아 자승자박의 결과만 불러왔다. 이래서는 도저히 조·일 관계의 먼 장래를 내다보는 전략적 전망을 가진 정책이라고 말할 수 없다.

마쓰노 유키야스(松野幸泰, 자민당, 국토청 장관)는 1982년 기자 회견에서 "일본의 선조가 나쁘기만 하다고 역사를 쓰는 방식은 좋지 않다"(7월 27일)고 주장했다. 또 전쟁 전 특고(특별고등경찰) 간부였던 오쿠노 세이스케(奧野誠亮, 자민당, 국토청 장관)는 1988년 "나는 침략 전쟁이라는 단어를 사용하는 걸 대단히 혐오하는 사람입니다. 당시에 일본은 그런 의도가 없었다고 생각합니다"(5월 9일)라고 말했다.

2008년 항공자위대의 막료장이라는 자는 놀랍게도 〈우리나라가 침략 국가였다고 하는 것은 누명이다〉라는 논문을 발표했다. 보수 정치가들은 대개 이와 비슷한 견해를 갖고 있는데, 이런 주장은 침략에 대한 역사인식이나 반성은커녕 사실조차 부정하는 태도로서 아무 데도 통용되지 않는 억지일 뿐이다.

역사를 직시한 독일

전후 독일의 빌리 브란트 총리는 폴란드를 방문하여 나치에게 대량 학살당한 유대인 추모비 앞에 무릎을 꿇고 깊이 사죄했다. 또 리하르트 폰 바이츠제커 대통령은 전 유럽을 참화 속에 몰아 넣은 독일의 역사를 반성하고 "과거에 대해 눈감는 자는 현재도 보지 못한다"고 함으로써 높은 평가를 받았다. 제2차 세계대전의 패전국으로서 독일은 과거 역사를 직시하는 용기 있는 태도를 보여 주었다.

독일은 나치의 전쟁범죄를 시효 없이 지금도 여전히 뒤쫓고 있으며, 성실하게 배상하며 과거 청산 노력을 계속하고 있다. 배상 문제에서 독일과 일본은 크나큰 차이가 있다. 일본의 경우는 두 나라 간 조약에 따르는 국가 배상밖에 없다. 그러나 독일은 국가 간만이 아니라, 인종과 민족, 종교, 사회적 지위를 불문하고 개인에게도 배상을 적용한다.

또 보상의 종류도 많고 지속적이며 2030년까지 총 1,222억6천5백만 마르크를 지불할 것을 입법화했다. 2000년 7월에 제정된 '기억·책임·미래' 법은 보상 문제에 대한 독일의 기본 태도와

이념을 잘 보여 준다. '기억'이란 보상금을 지불했다고 해서 독일의 모든 윤리적 책임이 다 끝났다는 것이 아니며, 과거에 나치가 저지른 범죄를 결코 잊어서는 안 된다는 것이다. '책임'이란 독일인으로서 과거의 책임을 인정하는 것이 고통스러운 일이나, 나치의 죄악을 역사적 사실로서 인정해야 한다는 것을 의미한다. 그리고 '미래'란 암담한 과거 역사를 절대로 되풀이해서는 안 되며 평화로운 미래를 지향해야 한다는 것이다.

독일은 이웃 나라들이나 과거 큰 피해를 입힌 동유럽 국가와도 관계를 회복했다. 그리하여 유럽 정치·경제의 중심 국가로서 신뢰를 얻고 있을 뿐 아니라 유럽연합(EU) 발전의 원동력이 되고 있다. 이런 국제적 위상은 독일이 '과거에 대한 반성'을 엄격하고 체계적으로 꾸준히 하고 있기 때문이다.

식민지 지배 아래에서 저지른 참혹한 역사에 대한 반성과 진지한 역사인식 없이, 2002년 FIFA 월드컵 공동개최나 한류 붐 같은 피상적이고 일시적인 눈가림으로, 오랜 기간 쌓여 뒤엉킨 조·일 관계가 해결될 수 있다고 생각한다면 그것은 큰 착오라고 말할 수밖에 없다.

5장

제국주의와 항일무장투쟁

1. 지하자원과 식량 수탈

일본 제국주의의 만주 침략이 강화되자 병참기지인 조선에 대한 수탈과 동화정책이 더욱 심해졌다. 일제는 쌀 수백만 석을 비롯하여 농가의 소는 물론 제사 때 꼭 필요한 놋그릇까지 모조리 빼앗아 갔다.

일본은 이 시기 '산금장려정책,' '지하자원개발정책'을 대대적으로 펼쳐 조선의 풍부한 지하자원에 대한 수탈을 점점 강화했다. 지금(地金)의 경우 1930년부터 1936년 사이에 생산액이 620만 엔에서 4,991만 엔으로 8배나 급증했다. 석탄이나 철광석 등 광산물도 같은 기간에 1,873만 엔에서 1억256만 엔으로 약 5.5배가 뛰어올랐다.

일본이 특히 관심을 기울인 것은 일본 본토에서는 부족한 식량을 수탈하는 일이었다. 1924년에 일본으로 운송된 조선의 쌀은 460만 석이었으나, 침략 전쟁이 시작된 1936년에는 약 8백만 석으로 증가했다. 이 때문에 조선의 쌀 소비량은 점점 줄어들었다. 내 고향에서는 큰 제사 때조차 쌀이 부족해서 제기 바닥에는 조밥을 담고 윗부분에만 살짝 쌀밥으로 덮었다. 1912년에 조선인 한 사람당 연간 미곡 소비량은 7말 7되였으나 1936년에는 3말 3되로 절반 이하로 줄어들었다.

조선에서는 해마다 늘어나고 있는 일본 주둔군이나 경찰, 일본인 소비량이 대부분을 차지하게 되어 조선 사람의 실제 소비량은 더 적었다. 일본은 '농촌 진흥,' '자작농 창설'을 외치며 1930년대 들어서부터 쌀 증산에 박차를 가했지만, 조선 농민이 땀 흘려 가꾼 쌀은 조선 사람의 입에서는 점점 멀어져 대부분 일본 본토와 일본 군대로 운반되어 갔다.

만주에서 벼농사를 짓고 있던 조선 농민들도 쌀밥을 먹을 수 없었다. 우리 집에서는 보통 조밥을 먹었는데, 지주한테서 꾸어 온 좁쌀은 오래 묵은 것이 많아 밥을 지으면 독특한 냄새가 났다. 그래서 이런 냄새를 없애고 양도 늘리려고 팥이나 수수 따위를 섞어 먹었다. 딱딱한 조밥은 모래를 씹는 것 같아, 어린 시절 나는 아무리 배가 고파도 이 밥을 맛있다고 생각한 적이 없다.

만주에서는 콩이 풍부하고 값도 쌌으므로 가끔 집에서 만든 두부를 먹는 게 훨씬 맛있었다. 일본 두부와 달리 물기를 꽉 짠 단단한 두부에 파와 마늘로 양념한 간장을 찍어 배부르게 먹으면 반찬도 필요 없이 한 끼 식사가 된다. 당시 조선 국내의 농민도 만주에서 소작을 하던 농민도 오늘날에는 상상할 수 없을 정도로 볼 품없는 식사를 하고 있었다.

2. 동화정책에 따른 정신적 상처

이러한 물질적인 수탈도 심했으나 동화정책에 따른 정신적 상처도 무척 심각했다. 1930년대 후반이 되면서 일제는 '국체명징'과 '내선일체'를 끊임없이 부르짖었다. 이것은 천황이 중심인 일본 국체와 일본 민족의 우수성을 타민족인 조선 사람에게 강요하고, 일본이 조선을 지배하는 것을 당연한 것으로 여겨 침략이나 동화정책을 정당화하는 것이었다.

전쟁 중 나치 독일은 게르만족이 '세계에서 가장 으뜸가는' 우수한 민족이고 슬라브 민족은 '반(半)인간'이라고까지 모욕했다. 훌륭한 문화를 가진 독일 민족이 문화 수준이 낮은 슬라브 민족권을 지배하는 것은 정당하고, 독일 민족에게 알맞은 '레벤스라움'(생활공간)을 확대하는 것 또한 당연한 권리라며 오만한 침략 논리를 노골적으로 드러냈다. 이것이 일본에도 이입되어 대학에서는 '게오폴리티크'(지정학)라는 말도 안 되는 침략 논리를 극구 찬양했다. 나치의 어용학자 칼 하우스호퍼 등이 주장한 이 논리는 학문으로서의 체계도 의심스러운 것이다.

일본에서는 국가 시책으로 야마토(大和) 민족의 탁월함을 선언하고 조선이나 아시아의 다른 민족을 열등한 민족이라고 멸시했다. 나아가 '팔굉일우'(八紘一宇)라는 침략적인 슬로건을 외치며 천황을 중심으로 한 일본이 "세계를 한 가정으로" 지배해야 한다고 주장했다.

조선어 교육 금지와 신사참배

일본 제국주의는 이런 일그러진 우월감과 모멸 풍조 속에서 동화정책의 일환으로 우선 조선어 교육을 금지했다. 학교 안에서는 물론이고 방과 후에도, 학생들이 조선말을 쓰면 교사들이 복도에서 벌을 세웠다. 또 '황국신민의 맹세'라는 것을 강요하여 "충성으로 황국 일본에 봉사하자"라는 구호를 매일 아침 제창하게 했다.

나는 조선인 소학교의 학생이었으나 이런 동화정책에 아이 나름으로 저항했다. 당시 일본 교장이 〈교육칙어〉를 암송하라고 강요했는데, 우리들은 그 첫 부분 "짐이 생각하기에……"를 우리말 발음으로 그럴싸하게 바꾸어 "친할머니가 콩을 달달 볶길래 한 입 먹었더니 배탈이 나서……"로 개사했다. 일본인 교장이 근엄한 얼굴로 칙어를 읽고 있을 때, 우리는 우리가 고쳐 만든 '칙어'를 작은 목소리로 읊었는데, 그러고 나면 마음이 후련해졌다.

조선 사람들은 일본인의 시조라고 하는 '아마테라스 오카미' (天照大神)를 숭배해야 했고 신사참배도 강요받았다. 내 고향 친척 중에는 기독교 목사가 있었는데, 우상숭배를 금지하는 교의에 따라 참배를 거부했다가 경찰에서 고문을 당해 등뼈가 부러져 평생 걸을 수 없게 되었다. 오늘날 재일 3세, 4세나 일본의 젊은세대들은 '설마 그렇게 지독한 일이 있었을까' 하고 생각할지도 모르겠지만, 신사참배는 일본의 식민통치 시대에 어디에서나 일상적으로 강요당하던 일이었다.

3. 창씨개명

더욱 심각한 것은 동화정책을 더욱더 강하게 밀어붙여 1939년 12월에 '창씨개명'을 강요했던 일이다. '김'(金)이나 '박'(朴)이라는 성을 일본식으로 '가네다'(金田)나 '히라야마'(平山) 따위로 바꾸고, 이름도 다로(太郞)나 하나코(花子) 같은 일본풍 이름으로 바꾸라는 것이었다.

조선에는 부계를 중심으로 혈연관계를 정리한 족보가 대대로 전해지는데, 가문의 중요한 문서로 귀중하게 취급된다. 이것은 조상을 숭상하고 한 가문의 단결과 자손 대대로 일족의 친목을 도모하는 것을 목적으로 하는 것인데, 봉건적인 면도 있지만 조선 사회에서는 가족제도를 존중하는 관습으로 지금도 남아 있다.

조선에서는 결혼하면 아내가 남편의 성을 따라 쓰지 않고 결혼 전 성을 그대로 사용한다. 그러나 '창씨개명'을 하게 되면 아내도 남편과 같은 성이 되어야 하니, 오랜 전통으로 내려오던 우리나라 가족제도 그 자체를 무너뜨리는 일이 된다.

조선 사회에는 조상을 공경하는 것을 무척 중요하게 생각하는 풍습이 지금도 뿌리 깊게 남아 있다. 조선 사람들 사이에서 가장 심한 모욕은 "네놈 성을 갈아라," "호적에서 파 버리겠다" 하고 말하는 것이다. 이것은 본인뿐 아니라 조상까지 모욕하는 가장 심한 욕설이 되기 때문이다. 일본의 식민지 정책은 바로 이런 조선 사람들에게 성을 일본식으로 바꾸라고 강요한 가장 모욕적인 처사였다. 창씨개명의 강요는 조상을 존경하고 가족제도를 중요시하는 오랜 풍습과 전통, 즉 어떤 의미에서는 문화라고 할 수 있는 것을 파괴하는 것이었다.

우리 민족은 일본 제국주의의 억압 아래에서도 '동방예의지국,' '반만년의 역사'를 가진 민족으로서 자긍심을 깊이 간직하고 있었다. 사람의 도리에 어긋나는 일제의 이런 동화정책은 어리석은 야만 행위로밖에 볼 수 없었으며 치열한 민족적 분노를 불러일으켰다.

창씨개명을 하지 않으면 취업이나 진학, 식량 배급에도 압력이 들어왔다. 어쩔 수 없이 창씨개명을 한 많은 조선 사람들은 본관의 지명을 땄다. 본관이란 선조의 출신지를 말한다. 성의 수가 많지 않은 조선에서는, 일족을 표시하기 위해 같은 성이라도 김해 김씨, 의성 김씨, 전주 이씨, 광주 이씨라 하여 본관을 붙여 구별한다. 조선 사람은 일본 식민지 지배의 압정에서 조상 대대로 이어 온 성을 어떻게 해서든 지키기 위해 고뇌에 찬 선택을 할 수밖에 없었다.

그런데 개중에는 '견자'(犬子)라고 바꾼 사람도 있었다. 자기 대에서 성을 바꾼다는 것은 조상에게 큰 죄를 짓는 일이라고 생각했기에, '개자식'만도 못하다는 죄책감과 자신에 대한 엄한 질책의 의미를 담고 있었던 것이다. 창씨개명을 지금도 찬양하는 옛 식민지주의자들이 조선 사람의 이런 비통한 심정을 조금이라도 생각해 본 적이 있을까.

4. 김일성 장군의 항일무장투쟁

소학교에 들어가 나에게는 무척 중요한 사건이 있었다. 우리 소학교에는 매화구(梅花口), 돈화(敦化), 산성진(山城鎭) 등 항일유격대의 유격 지구와 그 주변 마을에서 전입해 온 학생이 있었다. 그 아이들은 자신들이 당한 박해와 고난에 대해 이런저런 이야기를 하면서, 김일성 장군이 일본군을 격파하면서 조선 독립을 위해 싸우고 있다는 이야기를 들려주었다.

"김일성 부대는 종이배로 강을 건넌다," "장군의 군대는 몇 백 명이 눈 위를 걸어가도 발자국 하나 남기지 않는다," "한날한시에 장군은 네 곳에서나 동시에 나타난다." "우거진 숲속에서 쉬어도 범이나 늑대가 장군을 피해 간다"는 이야기에 우리는 흥분했고 넋을 잃고 이야기 속으로 빠져들었다.

우리 조선 사람은 예부터 경로 관념이 강해서 위대한 사람이라면 당연히 신선 같은 노인을 상상하기 마련이었다. 어린 우리들은 이런 신비로운 힘을 가진 김일성 장군이라면 틀림없이 희고 긴 수염을 가진 노인일 거라고 생각했다.

물론 종이배로 강을 건넜을 리는 없고 사실은 뗏목 노동자들의 협력으로 압록강을 건넜고, 신출귀몰하는 유격전술로 동시에 여러 목표를 공격한 것이지 '둔갑술'이나 '분신술'을 부린 게 아니었다. 하지만 우리들은 두근두근 이야기에 귀를 기울이며 탄성을 질렀다.

항일유격대

김일성 장군이 조선 인민의 역사에서 처음으로 상비적인 혁명 무력인 항일인민유격대를 조직한 것은 1932년 4월 25일이다. 이날은 오늘날 조선인민군 창건기념일이 되어 있다.

압록강 건너편 안도(安圖) 지역에서 출발한 이 항일유격대에는 다른 나라처럼 정규군의 지원도 없었고 의지할 만한 배후도 없었다. 항일유격대는 관동군의 삼엄한 포위 속에서 끊임없이 '토벌작전'과 싸우지 않으면 안 되었다. 식량도 무기도 턱없이 부족했다. 빨치산은 성냥 한 갑, 소금 한 봉지를 얻기 위해 고투하고, 총한 자루를 손에 넣기 위해 목숨을 걸고 싸워야 했다. 혹한기에는 너무 추워 '나무 줄기도 소리를 내며 터진다'는 힘겨운 상황을 견뎌 내며 온갖 고초로 가득한 장기 무장투쟁을 펼쳐 스스로의 힘으로 민족해방의 길을 개척해 나갔다.

백두산 천지

항일유격대는 광범위한 인민의 지지를 얻으며 힘을 강화하여 해방구를 확대해 갔다. 해방구에는 인민정권이 수립되어 토지개혁과 남녀평등권이 이루어지고 학교 교육이 실시되었다. 일본군의 공세에 대해서는 여성이나 아이 할 것 없이 방어 전투에 참가함으로써 유격대를 지원했다.

백두산 근거지

이렇게 하여 인민유격대는 1934년 3월에 조선인민혁명군으로 개편되어, 사령부 아래에 사단, 연대, 중대, 분대로 편성되었다. 또 1936년에는 압록강 연안이나 삼림지대뿐 아니라 장백, 임강, 무송 일대에 백두산 근거지가 창설되었다.

우리 겨레의 성스러운 산이라고 일컫는 백두산은 조선과 중국의 국경에 우뚝 솟아 있다. 남쪽은 마천령산맥을 통해 조선 국내로 연결되고 북쪽은 조선 사람들이 많이 살고 있던 간도(현재의 옌벤 조선족 자치구)로 이어져 있어 전략적으로 매우 중요한 지역이었다.

김일성 장군은 이 광대한 지역에 밀영(비밀 근거지)을 구축하고 그 일대를 '눈에 띄지 않는 요새'로 바꾸었다. 인민들의 적극적인 지지 속에 백두산 근거지는 강화되었고, 국내 진출과 중국 지역의 활동이 점점 활발해졌다. 1936년 5월 5일에는 광범한 각계각층을 망라하여 조선 최초의 민족해방 통일전선인 조국광복회가 결성되기에 이른다.

조선총독부 통계에 따르면, 1931년부터 1936년까지 압록강 건너편 만주 지역에서 '항일 게릴라 출몰'은 23,928회, 연인원 139,027명, 탈취한 총기는 3,179정에 이른다고 하니, 항일유격대의 활동이 얼마나 격렬했는지 짐작할 수 있다.

더욱이 1937년 6월 4일 김일성 장군은 조선인민혁명군을 이끌고 국내로 진출하여 국경 요충지인 보천보를 공격함으로써 일본 제국주의에 커다란 타격을 주었다. 동시에 항일 민족통일전선에 참가하고 조선인민혁명군에 호응하여 일본 제국주의를 타도함으로써 진정한 인민정부를 수립하는 데 매진하자고 전 조선 인민에게 호소하는 포고문을 발표했다.

보천보 횃불과 여운형 선생

저명한 정치가인 여운형 선생은 '한일합병' 후 상하이 임시정부에 참가하고 조선의 독립을 위한 활동으로 여러 차례 투옥당한 인물이다. 당시《조선중앙일보》사장이던 여운형 선생은 보천보 전투 직후 현지로 달려가 아직 연기가 가시지 않은 보천보 거리를 바라보며, 장차 조선의 독립은 김일성 장군이 제시한 노선으로 나아가야 한다고 생각했다.

그 무렵 일본 제국주의의 가혹한 탄압 아래에서 민족진영 내부에 동요가 일어나고 있었다. 조선은 아직 독립할 자질이 부족하므로 우선 '민족 개조'에서 시작해야 한다든가, 독립을 주장하기보다는 '자치'를 요구하는 것이 현실적이라는 패배주의 경향도 나타났다. 하지만 여운형 선생은 김일성 장군이 보여 준 무장투쟁 노선이야말로 겨레를 다시 살리는 길이라고 확신했다.

해방 직후 여운형 선생은 삼팔선을 넘어 평양을 몇 차례나 방문하여 김일성 장군을 만났다. 그는 일관되게 미군 철수를 주장하고 남조선만의 단독선거와 단독정부 수립에 단호하게 반대했다. 그는 보천보에서 마음속 깊이 다짐한 바대로 민족 독립과 통일을 위해 생애를 바쳐 마지막까지 싸우다, 1947년 7월 이승만과 미군정이 공모한 테러의 흉탄에 쓰러졌다.

보천보 백양나무 아래 지휘소에서 김일성 장군은 총공격을 명령했다. 이 한 발의 총성은 들불이 되어 조국 땅까지 번졌고 억압에 고통받고 있던 조선 민중을 크게 고무하고 조국 해방과 독립을 향한 희망과 용기를 불러일으켰다.

그 무렵 일본 제국주의는 대륙 침략을 위한 병참기지였던 조선에서 점점 더 수탈을 강화했고 황민화 정책에 광분해 있었다. 그들은 조선 민중의 강력한 해방 염원을 꺾기 위해 "김일성 유격대는 소탕되었다"고 집요하게 선전했다. 그러나 이런 책략은 보천보의 승리로 파탄 나고 말았다.

'고난의 행군'을 넘어서

1938년 11월 김일성 장군의 인민혁명군 주력 부대는, 국내로 깊숙이 진출하여 무장투쟁을 확대하기 위해 백두산 쪽으로 백여 일에 걸쳐 행군을 시작했다. 비행기까지 동원한 일제의 끊임없는 포위를 돌파하고 심한 식량난을 견디며 영하 30도나 되는 혹한과 허리까지 잠기는 눈 속을 행군했다. 내부 붕괴를 노린 적의 '투항' 선전과 싸우며 나아간 인민혁명군의 한 걸음 한 걸음은 그야말로 극한 상태를 이겨 낸 '고난의 행군'이었다.

민족해방 역사에 빛나는 한 페이지를 장식한 이 '고난의 행군'은 조선 인민이 곤경에 직면할 때마다 상기하여 다시 일어서는 혁명 전통으로 지금도 면면히 이어지고 있다.

나는 1967년 10월 무렵, 조선대학교 인가 획득 문제로 학자, 문화예술인의 지원을 요청하러 간사이 지방에 출장 간 일이 있다. 교토에서 우연히 조선인 문제로 열심히 씨름하고 있던 한 의사 선생을 만날 기회가 있었다. 이분은 교토대학 의학부를 졸업한 뒤 관동군 군의관으로 근무했다고 한다. 항일유격대 '토벌 작전'에도 참가한 사람이었는데, 유격대의 숙영지 자리를 보고 깜짝 놀랐다고 했다. 숙영지의 병실, 취사장, 회의장, 변소 등이 정연하게 꾸려져 있고 길이와 폭, 깊이 모두 규격대로 정확하게 파여 있어서, 장쒜량의 구 군벌 군대와는 전혀 다른 군대라는 것을 한눈에 알 수 있었다고 했다.

경탄한 것이 또 있었다고 한다. 관동군이 유격대의 소부대를 완전히 포위해 긴 전투 끝에 가까스로 제압한 일이 있었다. 도대체 그동안 무얼 먹고 있었는지 조사하라는 부대장의 명령으로 사체를 해부해 보니 위에서 솜 조각이 나왔다고 한다. 이 유격대원은 겨울 군복의 솜을 찢어 눈 녹인 물과 함께 삼키고 배고픔을 참아 가며 마지막까지 총을 쏘고 있었던 것이다. 이 의사 선생은 이런 엄정한 군율과, 포위되어도 끝까지 싸우는 치열한 전투 정신을 가진 김일성 부대를 이기는 것은 도저히 어렵겠다는 공포감에 사로잡혔다고 말했다.

백두산 근거지를 방문하여

나는 1989년 가을, 김정일 총서기가 태어난 곳인 소백수 일대의 백두산 근거지 사적을 참관한 일이 있다. 이 일대는 낮에도 어두울 정도로 울창한 천고의 밀림 지역이어서, 익숙한 사람이라도 한번 길을 잃으면 다시 빠져나오기가 어렵다는 곳이다. 백두산 기슭인 이 지대는 겨울이 빨리 찾아오는 곳이라 그런지, 낙엽의 계절을 앞두고 이미 온통 산이 물들어 있었고 이따금 스치는 차가운 바람은 곧 다가올 세찬 겨울을 예고하는 것 같았다.

나는 대자연의 원시림 한가운데 서서 '아, 여기가 조선 혁명의 성지구나' 하는 생각이 들어 저도 모르게 옷깃을 여미었다. 혁명가요 가운데 〈눈이 내린다〉라는 명곡이 있다. 빨치산이 숙영하는 밀림 위에 흰 눈이 소리도 없이 내리는 밤을 표현한 무용곡인데, 도쿄에서도 금강산가극단이 상연해 나도 몇 번 본 적이 있다. 사람을 깊은 생각으로 이끄는 이 곡을 듣고 있으면, 망국의 설움을 안고 만주 광야를 떠돌던 일이나 소년 시절 두근두근하며 들었던 김일성 장군의 전설적인 이야기가 기억나 감개무량해졌다.

울창한 밀림에서 나는 〈눈이 내린다〉의 노랫말을 떠올렸다. 하늘과 땅을 모두 덮은 듯 하염없이 눈이 내리는 밀림의 깊은 밤에 빨치산들은 어떤 생각을 하면서 잠들었을까. 그리운 부모님의 모습이었을까, 고향 산천이었을까, 일본 제국주의를 타도하고 조국으로 돌아가는 승리의 날이었을까. 때때로 거센 바람에 웅웅대는 소리가 적진으로 돌격하는 빨치산의 함성처럼 들리기도 하는 백두산 근거지 사적에 서서, 나는 여러 가지 감회에 젖어 있었다.

김일성 장군은 바다처럼 넓은 광대한 밀림 속에 사령부, 막사, 병원, 병기 수리소 등을 꾸려 난공불락의 백두산 근거지로 구축했다. 조선인민혁명군의 신속한 진출에 놀란 일본 제국주의는 김일성 장군을 '백두산 호랑이'라고 불렀고 종잡을 수 없는 움직임을 '승천입지,' '신출귀몰'이라며 두려워했다. 우리들이 김일성 장군의 전설적인 이야기를 들은 것은 대략 그때쯤이었던 것 같다. 나는 어렸지만 조선 독립을 위해 김일성 장군의 군대가 백두산에서 싸우고 있다는 이야기를 듣고 얼마나 든든했는지 모른다.

6장

이향란, 야마구치 요시코

1. 일세를 풍미한 가수, 이향란

만주사변에 이어, 괴뢰 '만주국'이 수립된 뒤 1930년대 후반은 이른바 '대륙 붐'에 일본 전국이 들끓던 시대였다. 1936년 8월 일본 정부가 5상회의에서 '국책의 기준'을 결정하고 '대륙의 발판을 확보'하는 정책을 펴기 시작했다. 그 뒤로 수많은 일본인이 '신대륙으로!' '대륙 만주로!'를 외치며 부풀어 오르는 희망을 안고 바다를 건너갔다.

크게 변해 가는 시대의 흐름 속에서 '일만친선'(日滿親善)을 선전하고 대륙 진출의 달콤한 꿈을 내세우며 제작된 영화 〈백란의 노래〉(白蘭の歌)가 개봉되었다. 대스타 하세가와 가즈오(長谷川一夫)도 출연한 이 멜로 영화는, 주제가와 더불어 만주는 물론 조선, 일본에 이르기까지 일대 선풍을 일으켰다. 바로 이때 한 송이 백란처럼 아름답게 피어난 사람은 주연을 맡은 '중국인' 배우 이향란(李香蘭, 리샹란)이었다.

이향란은 일세를 풍미한 여배우였다. 그녀가 1941년 2월 일본 공연 첫날, 도쿄 스키야바시에 있던 일본극장을 일곱 바퀴 반이나 둘러싸고 줄을 서서 북적거리던 군중들의 모습은 예능 역사상 한 번도 없었던 일로 지금도 이야깃거리가 되고 있다.

본디 일본인인 야마구치 요시코(山口淑子)는 시대 흐름 속에서 중국인 여배우이자 가수 이향란이 되어 화려한 각광을 받으며 등장했다. 하지만 패전 후에는 신세가 완전히 바뀌어 중국인이면서 중국에 반역한 '매국노'가 되었고, 중국 법정에서 엄하게 추궁당한 끝에 일본인이라는 것이 판명되어 가까스로 석방되었다. 결국 귀환자의 한 사람으로 패전한 '조국' 일본으로 돌아가기까지 파란만장한 인생은 시대의 파도에 휩쓸린 한 여성이 걸어온 너무나 기구한 운명이었다. 그녀의 운명은 만주사변에서 태평양전쟁과 패전에 이르기까지, 광란의 시대에 벌어진 역사의 한 단면이라고도 말할 수 있을 것이다.

이향란에 대한 추억

선양에서 소학교와 중학교를 다닌 나는 나이도 엇비슷하고 엄청나게 인기가 높았던 이향란이라는 이름을 물론 잘 알고 있었다. 그 시절 나는 선생님 눈을 피해 영화관에 숨어들어 〈백란의 노래〉를 봤다. 그 시기 이향란이 불렀던 〈님은 언제 오시려나〉 (何日君再來, 대만 가수 덩리쥔이 1980년대에 다시 불러 인기를 얻었다) 가 너무도 기막히게 좋아서 매일같이 흉내를 내며 중국말로 연

이향란 공연 광고(1941년 2월)

습했다.

　그녀가 일본 사람이란 사실을 처음에는 전혀 몰랐다. 아무리 중국말을 잘하는 일본 사람이라고 해도 발음 어딘가에 일본인 특유의 버릇이 있게 마련인데, 이향란은 발음이 매우 아름답고 억양도 중국 사람이 말하는 것과 완벽하게 같았기 때문이다.

　야마구치 요시코의 자서전 《이향란, 나의 반평생》에 따르면, 1920년 선양 근교인 베이옌타이(北煙臺)에서 태어났다고 하는데 우리가 살던 베이링 마을에서 그리 먼 곳이 아니었다.

　야마구치는 태어난 뒤 바로 푸순(撫順)으로 옮겨 가 살고 있었다. 유명한 대탄광이 있는 푸순은 선양에서 40킬로미터 정도 떨어진 곳인데 나도 놀러 간 적이 있다. 조선총련 전 간부로 푸순중학교를 졸업한 분이 있어 때때로 찾아가 옛날이야기를 할 때가 있는데, 야마구치 요시코도 책에 그립다고 적었듯이 푸순탄광의 거대한 노천채굴 광경은 지금도 눈에 선하다.

야마구치는 선양에 있는 일본인 여학교인 봉천여자상업학교에 다녔는데, 이 학교 또한 우리 중학교와 가까웠고 소학교 동창생도 다니고 있었다. 야마구치 요시코가 중국의 관습에 따라 아버지와 오랜 친교가 있던 중국인 리지춘(李際春) 장군의 양녀가 되어 양아버지로부터 이향란이라는 중국 이름을 받은 것도 이 시기였다. 야마구치 일가가 살고 있던 곳은 소서변문이란 지구였다.

민족별 거주 구역

그 무렵 선양은 거주 구역이 대략 민족별로 나뉘어져 있어 중국인은 청조 고궁이 있는 성내, 일본인은 철도 부속지인 신시가에 살고 있었다. 그 사이에는 상부지(商埠地)라는 구역이 있었고 외국 영사관과 상사, 외국인 주택이 집중되어 있었다. 나중에 일본 총리가 된 요시다 시게루가 봉천 총영사 시절 이곳에 살았다.

조선 사람은 높은 라마교 탑이 있는 서탑(西塔) 구역에 거주하고 있었다. 여기에는 내가 다녔던 봉천보통학교뿐 아니라 절이나 교회, 냉면집, 상점들이 늘어서 있고, 학교 부근에는 도쿄의 오차노미즈에 있는 니콜라이교회당과 비슷한 러시아 정교회와 묘지가 있어 러시아인들이 참배하러 오곤 했다.

그 무렵 선양에는 백계(白系) 러시아인들이 많이 살고 있었다. 야마구치 요시코는 소학교 때 러시아 여자아이와 친하게 지냈는데, 패전 후 이향란이 중국에 반역한 '매국노'로 중국 법정에서 추궁당할 때, 이향란이 중국인이 아니라 일본인 야마구치 요시코라고 증언한 사람이 바로 이 러시아 동창생이었다.

선양의 러시아인들은 과거 귀족이나 상류사회 출신이 많았는데, 이들은 주로 러시아혁명이 일어나고 만주로 망명해 온 사람들이었다. 특히 선양의 버스 운전수 가운데에는 러시아인들이 많았다. 우리는 '파이하레'라던가 '하라쇼' 같은 간단한 러시아 말을 익혀 일상적으로 쓰고 있었다. 빵가게를 운영하거나 케이크를 만드는 사람도 많았고, 특히 위스키가 들어간 초콜릿은 평판이 좋은 특산품이었다. 우리 소학교에서 피아노 조율을 하던 러시아 사람은 유명한 음악가였다고 한다.

여름이 되면 테니스복을 입은 젊은 러시아 여자들이 가슴만 가리고 상반신은 거의 드러낸 채 자전거를 타고 다니는 것을 보고 매우 놀라기도 했다. 우리들은 소학교 다닐 무렵 종종 은행 놀이를 했는데, 그때 가지고 놀던 지폐는 그냥 장난감이 아니라 제정 러시아 시대의 진짜 지폐였다. 러시아혁명으로 종잇조각이 된 루블 고액지폐가 많이 돌아다니고 있어 가지고 놀기에 좋았다.

조선인 거주 지역인 서탑과 중국인이 사는 성내는 가까이 있었는데, 성내로 들어가는 입구에 자리 잡고 있는 곳이 소서변문이다. 여기에는 청나라 때부터 2백 년이나 이어 온 값싸고 맛있는 만두 가게가 있어 나도 어른들을 따라 이곳에 간 적이 있다. 느릿느릿 움직이는 노면전차를 타고 가면 7~8분도 걸리지 않았다. 일본인들은 대개 이 지역에는 살지 않지만, 이향란의 양아버지인 리지춘 장군의 넓은 저택이 있어 야마구치 일가는 그 한 모퉁이를 빌려 살고 있었다.

봉천방송국

열세 살 일본인 여학생이 음악적 재능을 나타내어 중국인 이향란으로서 '만주 신가곡'을 불러 가수로 데뷔한 곳은 봉천방송국이었다. 나도 이 방송국에 작은 추억이 있다.

작가 미즈카미 쓰토무의 《선양의 달》을 읽어 보면, 미즈카미도 선양에 살던 때가 있었다고 한다. 당시 봉천방송국에는 몇 해 전에 세상을 떠난 유명한 아나운서 모리시게 히사야(森繁久弥)와 '블루스의 여왕'이라 불리던 가수 아와야 노리코(淡谷のり子)도 한창 활동하고 있었다.

관동군이 '만주국'을 세운 이후 신문과 라디오에서는 '오족협화'니 '왕도낙토'니 뭐니 하며 소란스럽게 부르짖고 있었다. 관동군은 다른 민족을 멸시하고 억압하며 지배자로서 난폭하게 행동하면서 '오족협화'를 떠들어 댔으나 현실은 가혹한 식민통치였다. 그런 냉혹한 실태를 감추기 위해서라도 각 민족이 평등하고 사이좋게 합심하여 '이상국가인 만주국'을 건설하고 있는 것처럼 일부러 선전할 필요가 있었던 것이다.

이 무렵 봉천방송국에는 '오족화합'의 심벌의 하나로서 일본, 중국, 러시아 어린이들이 저마다 제 민족의 노래를 부르는 라디오 프로그램이 있었다. 우리 소학교에서도 우리 노래를 열심히 연습해서 출연했다. 그러나 노래에 서툴렀던 나는 이 합창단에 뽑히지 못했다. 뽑힌 아이들이 봉천방송국에서 출연 기념으로 받은 연필 한 다스가 든 번쩍번쩍한 상자를 자랑하자 너무 부러운 마음에 분하다는 생각마저 들기도 했다.

이향란과 김영길

1942년쯤으로 기억하고 있는데, 이향란은 유명한 테너 가수인 김영길(永田絃次郎, 나가타 겐지로)과 함께 출연한 영화를 조선에서 찍고 있었다.

김영길은 전쟁 전 미우라 다마키(三浦環)와 〈나비부인〉 등을 공연하여, 아름다운 테너로 사람들을 매료시킨 오페라 가수였다. 뒷날 공화국으로 귀국하여 러시아와 동유럽 곳곳을 순회하면서 활약했다.

해방 직후에 재일본조선인연맹(조련)이 만들어져 다카기 도로쿠(高木東六)가 작곡한 오페라 〈춘향전〉이 도쿄의 제국극장에서 상연된 적이 있어 나도 관람하러 갔다. 그 무렵 도쿄는 공습으로 모두 불타 버린 거리가 그대로 남아 있었고, 전쟁 중에 황폐해진 사람들의 마음도 치유되지 못한 때였다. 오페라 〈춘향전〉을 보면서 오랜 시간 완전히 단절되었던 예술적 분위기를 접하며 마음의 온기를 얻고 평화에 대한 고마움을 가슴 깊이 느꼈다. 이 오페라에서 김영길은 주인공 이도령 역을 훌륭하게 연기해 냈다. 그 후에도 김영길은 귀국할 때까지 재일조선중앙예술단(금강산가극단의 전신)에서 노래하며, 동포들과 일본인 팬들로부터 높은 평가를 받았다.

조선의 흰 치마저고리를 입은 이향란이 봄볕이 반짝이는 강가에서 김영길과 만나, 둘이서 우리 민요를 부르는 장면은 무척이나 아름답고 인상적이었다. 그때 부른 민요가 너무 훌륭해서 이향란이 조선 사람이라는 소문까지 돌 정도였다.

이렇게 선양 근교, 푸순, 봉천방송국, 소서변문, 중학교 시절에 이르기까지, 나와 이향란은 만주에서 자란 같은 세대였을 뿐 아니라 살아온 반경도 꽤 가까운 셈이다. 그러나 후일 평화를 되찾은 일본 도쿄에서 만나 조선민주주의인민공화국을 방문하는 이향란을 조선총련 중앙 간부로 있던 내가 돕게 되리라고는 누가 상상할 수 있었겠는가. 그때 그녀는 자민당의 오타카 요시코(大鷹淑子, 오타카는 결혼 후의 성) 참의원 의원이 되어 있었다. 인간 세상의 인연이란 게 정말 신비롭게만 느껴진다.

조 · 일 간의 인적 교류

오랜 시간에 걸쳐 남쪽과 '한일회담'이 진행되고 있던 시기에, 일본 정부는 공화국에 대해 문을 굳게 닫아걸고 있었다. 두 나라 사이는 문자 그대로 '가깝고도 먼 나라'에 머물러 있었고 사람들의 교류는 거의 없었다. 두 나라 사이에 인적 교류가 겨우 시작된 것은 1970년대에 들어와서였고 그 뒤로 정치인들도 조금씩 왕래하게 되었다.

정당을 초월한 일본 국회의원단이 처음으로 공화국을 방문한 것은 1971년 11월이다. 1974년 9월에 사회당 나리타 도모미(成田知已) 위원장의 방문을 시작으로, 이어서 아스카타 이치오(飛鳥田一雄), 이시바시 마사시(石橋政嗣), 도이 다카코(土井たか子), 다나베 마코토(田辺誠), 무라야마 도미이치(村山富市) 등 역대 위원장이 1999년 12월까지 모두 공화국을 방문했다.

자민당에서는 1975년 7월의 다무라 하지메(田村元)를 단장으로 한 중의원 의원들의 방문이 처음이었는데, 그때 오타카 요시코 의원도 동행했다. 그 뒤로도 교류가 이어져, 1990년 9월에는 자민당의 가네마루 신(金丸信) 부총리가 사회당의 다나베 마코토 부위원장과 공화국을 방문해 조선노동당 간부와 회담하고 국교 수립, 식민지 시대와 전후 45년 동안의 조선 인민에 대한 사죄와 배상을 인정하는 3당 '조·일 관계 개선 공동선언'을 채택했다.

1995년 3월에는 자민당의 와타나베 미치오(渡辺美智雄) 부총리를 단장으로 자민·사회·사키가케 연립여당 대표단이 공화국을 방문하여 국교 정상화를 위한 회담에 어떤 전제 조건도 붙이지 않는다는 것을 밝히고, 조선노동당과 4당의 '조·일회담 재개를 위한 합의서'를 발표하기에 이르렀다. 1997년 11월에는 자민당 모리 요시로(森喜郎) 총무회장, 1998년 3월에는 자민당 대표로 나카야마 마사아키(中山正暉) 일조우호의원연맹 회장이 공화국을 방문했다.

그러나 아베 정권이 등장해서는 공화국 적대 정책과 조선총련에 대한 탄압이 그칠 줄 모르고 계속되어, 고이즈미 정권 때 '조·일평양선언'이 조인되어 겨우 궤도에 오른 조·일 국교 정상화 기운은 최악의 상태에 빠지고 말았다.

그러나 아베 정권 이전에는, 여러 가지 제한은 있었으나 자민당 정치인을 비롯하여 각 정당, 사회단체, 무역회사 등의 교류가 계속되었다. 이렇게 공화국을 방문하는 일본 인사에 대한 사무적인 문제나 연락은 국교가 없는 조건 하에서 사실상 공화국의 대사관 역할을 하고 있는 조선총련이 전부 처리하고 있었다.

2. 김일성 주석과 야마구치 요시코

야마구치 요시코는 조선총련을 통해 1975년과 1979년 두 차례 공화국을 방문했다. 1975년에 나는 총련의 과학자협회 일을 담당하고 있었다. 자민당 의원의 조선 방문 대표단을 살펴보다가 야마구치 요시코의 이름이 들어 있는 것을 보고 무척 놀랐지만 한편으로는 잘됐다는 생각도 들었다.

전쟁 전 인기 배우 이향란은 김일성 장군의 항일 빨치산과 격렬히 싸우고 있던 관동군의 '토벌 작전' 위문공연에 자주 갔기 때문에, 김일성 주석이 있는 공화국을 방문하리라고는 전혀 생각지도 못했다.

잘됐다고 생각한 것은, 전쟁이 끝난 뒤 일본인으로 돌아간 야마구치 요시코가, 아시아 여러 나라의 사람들에게 헤아릴 수 없는 불행과 고통을 초래한 일본 제국주의의 침략에 대해 일본인의 한 사람으로 깊은 사죄의 마음을 가지고 아시아 사람들과 진심으로 우호와 친선을 바라고 있다는 것을 잘 알고 있었기 때문이다.

광란의 시대를 직시하는 예술인

야마구치 요시코는 자신이 쓴 책에서 일본을 '조국'이라 부르고 중국은 '고국'이라 부르고 있다. 포학한 침략을 계속하는 조국 일본과 격렬한 항일투쟁을 벌이는 고국 중국 사이에 서 있던 어려움을 "아무것도 모르는 소녀였다고는 하지만 나도 만주국과 마찬가지로, 일본인 손에서 만들어진 중국인이었다. 그것을 생각하면 가슴이 아프다"고 말하고 있다(《明日に向って》, 彩流社 발행).

또 이 책에서 야마구치 요시코는 일본으로 돌아간 뒤 몇 십 년 만에 자신이 예전에 출연한 영화를 재평가하고 있다. 위선적인 '일만친선'을 일방적으로 강요한 영화 〈백란의 노래〉와 〈지나의 밤〉은 당시 일본에서는 열광적인 인기를 얻었으나, 중국 사람들은 자신들을 모욕하는 것이어서 매우 비판적이었다. 책에는 이런 상황에 대해 "나는 너무 충격적인 사실에 심각한 타격을 받았다. 왜 내가 이런 영화에 출연해 중국인 여배우 이향란으로 연기하지 않으면 안 되었던가" 하고 스스로 반성하며 몇 달 동안이나 잠 못 이루는 밤이 계속되었다고 적고 있다.

야마구치 요시코는 대륙 침략의 국책에 이용되었던 자신의 과거를 정당화하거나 숨기지 않고 깊이 반성했다. 침략 전쟁의 책임을 마땅히 져야 할 정치가와 군인, 관료들이 스스로를 합리화하며 변명하기에 급급한 볼썽사나운 언동을 볼 때, 예술인으로서 양심을 가지고 '쇼와'라는 광란의 시대와 마주한 야마구치 요시코, 이향란의 자세는 용기 있는 모습이라고 생각된다.

인생에는 노래도 있고 춤도 있습니다

야마구치 요시코가 김일성 주석을 처음 만난 것은 자민당 의원단에 동행한 1975년 7월 하순이었다. 그녀는 이때의 회견 모습을 오타카 요시코라는 이름으로 〈인생에는 노래도 있고, 춤도 있습니다〉라는 글을 주체사상국제연구소에서 발간한 책에 썼다.

"상냥하게 웃으며 좌중을 둘러본 김일성 주석이 나를 보고 '예전의 그 이향란이 맞습니까' 하고 물었다. 이향란이라는 이름을 듣는 순간 내 가슴은 덜컥 내려앉는 것 같았다. 나는 일본 제국주의가 조선을 점령하고 있던 시기에 이향란이라는 이름으로 만주와 조선에서 일본 군대의 주둔지를 순회하며 노래를 부르고 다녔다. …… 이러한 과거를 가진 나는 죄의식을 가지고 조선을 방문하던 참이었다."

이때 야마구치 요시코는 좌중의 시선이 자신에게 꽂히는 것을

느꼈다고 한다. 그러나 "주석
은 '당신의 이름은 당시 신문
이나 영화를 보고 들어 잘 알
고 있습니다' 하고 상냥하게
말했다. 또 주석이 내 심정을
헤아린 듯 '인생은 일만 하는
것이 아닙니다. 노래도 있고
춤도 있어야지요' 하고 말했
다. …… 얼마나 깊은 의미와
따뜻한 인정이 넘치는 말인
가. 주석의 말에는 조선 인민

김일성 주석과 야마구치 요시코(1979년 5월)

에게 잘못을 한 과거의 생활 때문에 얼굴을 들 수 없는 내 마음 깊
은 곳까지 살피고 아픈 상처를 따뜻하게 돌보는 숭고한 인간애가
깃들어 있었다"고 말하고 있다.

야마구치 요시코는 당초에는 조선 인민들이 왜 그렇게도 김일
성 주석을 경애하는지 잘 이해할 수 없었는데, 많은 사람들과 만
나 이야기를 듣고 조선 인민의 심정을 충분히 이해할 수 있었다
고 적고 있다. 특히 주석을 직접 만나 보니 "인민을 위해 모든 것
을 바쳐 온 너그러운 분으로, 인민이 주석을 깊이 사모하는 것은
지극히 당연하다고 느꼈다"고 적고 있다.

화기애애한 연회에서 의원단의 요청으로 그녀는 〈사쿠라 사쿠
라〉라는 일본 민요를 불렀다. 야마구치는 "마음속에서 뭔가 자꾸

뜨거운 것이 솟아오르고 눈앞이 흐려져" 생각대로 부를 수 없었지만, 주석은 "노래가 참 좋았다"며 자신에게 잔을 권하고 축배를 들었다고 한다. 그때 야마구치 요시코는 주석에게 다음에 다시 오게 되면 꼭 조선 노래를 부르겠다고 약속했다.

두 번째 공화국 방문

야마구치 요시코는 1979년 5월에 두 번째로 공화국을 방문했다. 나는 총련 중앙의 일을 맡고 있어 문예 관계자들과 협력하여 야마구치 요시코의 방문 준비를 돕게 되었다.

그녀가 조선 노래를 부르려면 우선 곡을 골라야 했다. 야마구치는 가수이므로 우리는 조선의 가요집에서 본인이 직접 선택하도록 했다. 그녀는 악보를 하나하나 다 살펴본 뒤 "이 곡이 아주 좋다"고 하면서 한 곡을 선택했다. 그 노래는 만들어진 지 얼마 되지 않은 〈수령님, 밤이 퍽 깊었습니다〉라는 노래였다. 이 곡은 깊어 가는 밤에 주석이 집무하고 있는 청사의 불이 꺼지지 않는 것을 보고, 부디 빨리 쉬기를 바라는 인민의 뜨거운 심정이 담긴 서정적이고 아름다운 곡이다.

야마구치에게 이런 이야기를 하자, 곡이 아주 훌륭할 뿐 아니라 노랫말도 매우 깊은 뜻을 담고 있으니 꼭 이 노래를 불러야겠다고 했다. 곡도 가사도 김일성 주석에 대한 야마구치 요시코의 존경의 마음을 담은 가장 잘 어울리는 노래라고 나는 생각했다. 우리는 야마구치의 매우 적절한 선곡을 기뻐했고 또한 감동했다.

그리고 시간이 별로 없으므로 짧은 기간이나마 준비를 잘할 수 있도록 협력하자고 서로 이야기를 나누었다.

당시는 총련 중앙의 새로운 회관이 세워지기 전이었기 때문에 5층 강당에 녹음과 음향 장비를 가져와서 연습을 시작했다. 그녀는 전후 일본에 돌아와서 오랜 기간 노래를 부른 적이 없었고 조선 노래는 당연이 불러볼 기회가 없었음에도, 조선말 발음이 정확하고 가창력도 떨어지지 않았다.

야마구치가 두 번째로 방문한 평양의 5월은 꽃이 만발하는 계절이었으며 '공원 속의 도시'라 불릴 정도로 녹음이 풍부한 거리였다. 5월이 되면 싹터 올라오는 어린잎과 더불어 옅은 분홍빛 살구, 황금색 개나리, 라일락과 각양각색의 진달래가 흐드러지게 피어 온 도시를 장식했다.

야마구치는 텔레비전 방송 취재진과 동행하고 있었는데, 정치가로서 시민 생활과 여성 문제, 아이들 문제에도 관심을 두고 시내를 관찰하고 농촌에도 가 보았다. 특히 훌륭한 시설을 갖춘 평양의 학생소년궁전에서 어린이들이 천진난만하게 노래 부르고 춤도 추는 씩씩한 모습을 보고 감명을 받았다고 한다.

다시 김일성 주석을 방문하자, 주석은 "기다렸습니다. 안녕하셨습니까" 하며 야마구치 요시코를 환대하고 식사도 함께했다. 그녀는 지난번 방문 때 약속한 대로 "이번에는 약속대로 최신 조선 노래를 원어로 불렀다. 노래가 끝나자 주석께서 무척 기뻐했다"고 적고 있다. 일본으로 돌아온 야마구치한테서 그 이야기를 듣고, 준비를 좀 도운 보람이 있어 우리들도 매우 기뻐했다.

아시아의 평화와 우호 친선

나는 그 뒤에도 야마구치 요시코와 일 관계로 자주 만났고, 그녀가 조선 요리를 좋아해서 같이 식사를 하기도 했다. 언젠가 그녀의 깔끔한 중국말을 한 번 더 듣고 싶어 장난으로 중국말로 얘기하자고 한 적이 있다. 그런데 몇 십 년 동안이나 중국말을 쓰지 않았더니 오히려 내 쪽에서 대화를 5분도 끌고 갈 수가 없었다. 그날 크게 웃었던 일도 이제는 그리운 추억이 되었다.

야마구치는 한반도의 평화통일에 관심을 보여, 재일조선민주여성동맹의 모임에도 자주 참석해 강연도 하며 교류를 돈독히 했다. 1990년 5월에는 '아시아의 평화와 여성의 역할'이라는 주제로 도쿄에서 심포지엄이 열렸다. 이 행사는 북녘과 남녘에서 세 사람씩 패널로 나와서, 남과 북의 여성이 처음으로 함께 한반도 통일 문제를 토론하는 귀중한 자리가 되었다.

이처럼 뜻깊은 만남을 호소한 이들은 참의원 의원 오다카 요시코(야마구치 요시코), 미키 전 총리 부인 미키 무쓰코, 사회당 위원장 도이 다카코 등이었다.

아시아의 평화, 아시아인과의 우호 친선을 바라는 야마구치 요시코의 절실한 심정은, 침략에 몰두한 '쇼와'라는 광란의 시대에 일본군이 저지른 전쟁의 참화를 자신의 눈으로 직접 목격하고 중국 민중의 괴로운 생활과 반일 투쟁에 일어선 중국 사회에서 생활한 데서 나온 것이 아닐까. 그것은 일본인 야마구치 요시코와 중국인 이향란 사이에서 여러 가지 모순과 괴로움을 끌어안고 살아갈 수밖에 없었던 체험에서 비롯된 것이라고 생각한다.

세월은 사람을 기다리지 않는다고 하지만, 나는 파란만장하고 우여곡절이 많은 시대를 함께 겪어 온 같은 세대의 한 사람으로서, 우리들의 친근한 벗 야마구치 요시코가 언제까지나 아름답고 건강하기를 바라마지 않는다.

7장

가나자와에서 보낸 청춘

1. 현해탄을 건너

　중학교 고학년이 되면 상급 학교 진학 문제가 교실에서 큰 화제가 된다. 나는 학비 문제도 있고 해서 진학은 도저히 꿈꿀 수 없는 일이라고 단념하고 있었다. 그런데 중학교 4학년에 오를 즈음, 친척들과 선생님들한테서 상급 학교로 진학하는 게 어떻겠냐는 이야기를 들었다.

　그 얘기를 듣고 얼마나 기뻤던지 날아갈 듯 풀쩍풀쩍 뛰었다. 지원을 받을 수만 있다면 진학하고 싶었다. 그리고 조부모님과 부모님을 조금이라도 기쁘게 해드리고 친척들의 은혜와 기대에 보답하기 위해서는 '입신출세'를 해야 하고, 그러기 위해서는 전력을 다하여 '좋은 대학'에 들어가야겠다고 결심했다.

　이런 유치하다고 할까 단순한 사고방식에 갇혀 있던 나는, 그 무렵 졸음을 쫓으려고 눈꺼풀에 화끈거리는 연고 같은 것을 바르고 영어 단어장을 완전히 암기하고 나서 그 페이지는 찢어 버리면서까지 무척 열심히 공부했던 것으로 기억한다.

내가 친척들한테서 귀한 거금 30엔을 받아 일본으로 향한 것은 1942년 3월 하순 무렵이었던 것 같다. 우리 세대에게 압록강이나 두만강, 현해탄이라는 장소는 그냥 지도상의 지명이 아니다. 그것은 만주, 시베리아, 일본으로 유랑의 길에 오른 사람들이, 언제 다시 돌아올지 알 수 없는 고향 산천을 만감이 교차하는 심정으로 되돌아보는 상징적인 장소였다. 나도 현해탄을 건널 때에는 무척 감상적인 상태에 젖어들었다.

그토록 오랜 세월이 지났지만, 만주에서 꼬박 이틀 걸려 가랑비가 내리던 시모노세키 항구에 발을 내딛던 그날 밤은 지금도 어제 일처럼 생생하다. 어떻게 해서든 열심히 공부하겠다고 마음은 굳게 먹었지만, 막상 아는 사람도 하나 없는 일본에 도착하고 보니 너무 먼 곳까지 와 버렸구나 하고 불안한 마음이 들었다. 바닷가 거리 불빛이 파도에 흔들리고 뱃고동 소리를 듣고 있으니, 이제 집으로 돌아갈 수 없다는 생각에 무어라 말할 수 없는 고독감이 밀려 왔다.

마르크스주의 독서회 사건

다행히 나는 가나자와(金沢) 제4고등학교(구제)에 입학할 수 있었다. 가가햐쿠만고쿠(加賀百萬石)의 성시(城市)인 가나자와는 옛 사무라이의 저택이 그대로 남아 있고, 봄철 저녁이면 호쇼류(宝生流, 일본 전통 음악인 '노'[能樂]의 다섯 유파 가운데 하나)의 가락이 낭랑하게 여기저기서 흘러나오는 곳이었다. 그 무렵 구제 고등학교 학생은 헤어진 옷에 찢어진 모자(敝衣破帽)를 쓰고 다니는 것이 보통이었는데, 가까이 사는 할머니들이 집으로 우리를 불러 차나, 초가을에는 감 같은 먹을 것을 주고 옷을 기워 주기도 했다. 마을 사람들이 학생들한테 무척 따뜻하게 대해 주었기 때문에 젊은 나는 이 고도(古都)에 곧 마음을 붙일 수가 있었다.

입학 때 일본인 학생은 사진을 두 장만 내면 되었지만 나는 네 장이나 내야만 했다. 더 낸 두 장은 현청과 특고(특별고등경찰)에 보내는 것이었다.

나는 아무것도 모르고 시험을 쳐서 입학했지만, 몇 해 전에 4고에 다니던 조선 학생이 주동하여 니가타와 도야마의 고등학교와 가나자와의대, 도야마약학전문학교 등 호쿠리쿠(北陸) 지방 일대의 학교에서 일어난 '조선인 학생 마르크스주의독서회 사건'이 발생했다.

《특고월보》(特高月報, 1942년 4월)에 따르면, 독서회의 목적은 "현재의 자본주의 경제 아래에서는 빈부 격차가 한층 더 심해지고 …… 특히 반도(조선) 노동자 농민의 실정은 내지(일본)보다 훨씬 비참하다. 이런 상황을 보며 우리는 어떻게 해서든 반도 동포를 구하지 않으면 안 된다. 그 방법은 여러 가지가 있지만 무엇보다도 공산주의 사회를 실현하여 조선반도를 일본 통치로부터 독립시켜야 한다"고 되어 있다.

특고(特高)의 자료이기는 하나, 조선 학생들이 단지 이론 공부

뿐 아니라 해방을 위한 실천 행동을 목표로 하고 있었다는 점을 알 수 있다. 실제로 재판 기록에도 나와 있지만, 호쿠리쿠 지방의 조선 학생들은 백두산의 김일성 장군 유격대에 등사판을 비롯한 인쇄용품을 보내고 있었다.

선배들은 모두 기숙사에서 생활했는데, 검거되었을 때 일본인 기숙사 학생들이 경찰의 개입에 항의하여 기숙사가 일시 어수선해졌다고 한다. 형을 언도받은 상급생은 퇴학당했다. 몇몇 하급생만은 정학 처분을 받고 있었는데, 내가 입학하던 해에는 복학해 있었다. 이 선배들은 신입생인 나에게 자기 하숙집에는 오지 말라고 주의를 주었다. 특고의 감시 아래 있던 선배들은 내 신상을 염려해 주었던 것이다.

하지만 그래도 우리는 이런저런 기회를 엿보아 만나서 이야기를 나누었다. 북조선의 함흥에서 온 선배는 함경도 원산과 단천 일대의 농민 투쟁이나 파업 이야기를 들려주었다. 김일성 장군의 항일유격대가 광범위한 민중의 지지를 받으면서 각지에서 싸우고 있다는 사실도 들을 수 있었다.

'하얀 동백꽃'의 마담

2학년 가을 고린보(香林坊) 길에서 한 선배를 우연히 만났다. 그 선배는 독서회 사건 당시 책임자로서 가장 무거운 퇴학 처분을 받은 사람이었다. 선배는 가까이 있던 '하얀 동백꽃'(白椿)이라는 찻집에 나를 데리고 갔다. 가나자와에는 맑고 깨끗한 시냇물

제4고등학교 학우들과(앞줄 오른쪽에서 두 번째가 지은이)

이 여기저기 흐르고 있는데, 수로 변에 있던 '하얀 동백꽃'은 분위기가 편안해서 4고 학생들이 자주 찾던 장소였다. 마담은 차분하고 아름다운 사람으로 4고 학생들에게 마돈나 같은 존재였다.

어느 날 '하얀 동백꽃'의 마담은 한동안 있다가 "오늘 영업은 끝났습니다"라는 패찰을 내걸었다. 손님이라고는 나와 선배만 남아 있었다. 우리 앞에 말린 바나나와 토스트, 밀크셰이크 등 전시 중인 그 무렵에는 아주 귀한 음식을 내주었다. 도대체 무슨 일인가 하고 놀랐지만, 그제야 선배가 소개해 주어서 그 마담이 선배의 부인이라는 사실을 알게 되었다.

그 뒤로도 여러 가지 이야기를 들었지만, 선배가 형무소에 있던 기간에 마담은 매주 면회를 가서 물품을 건네주고 입은 내복

등을 빨아 주었다고 한다. 전쟁 전의 엄혹한 사회에서 이른바 전과자인 조선인 사상범을 헌신적으로 도와주는 일은 쉽게 할 수 있는 일이 아니었을 것이다. 군은 신념에 바탕을 둔 사상과 깊은 애정이 있었기 때문에 온갖 시련을 견뎌 낼 수 있지 않았을까?

부산으로 돌아간 선배

선배는 조선이 해방된 뒤 1948년 봄 부인과 함께 고향인 부산으로 돌아갔다. 그런데 그해는 조선 사람에게 대단히 어려운 시기였다. 당시 미국은 제2차 세계대전에서 거의 전쟁의 재앙을 입지 않은 전승국으로서 정치·경제·군사적으로 압도적인 힘을 가지고 있었다. 그야말로 미국이 국제정치나 유엔을 생각대로 움직이고 있던 시대였다. 그리하여 남조선에서만 '단독선거'를 실시하여 '유엔 결의안'을 강제로 채결했다.

선배가 부산으로 돌아간 해는 바로 5월 10일 '단독선거'가 실시된 해였다. '단독선거'는 북조선과 분리하여 남조선에서만 '단독정부'를 수립하는 데 목적이 있었다. 이것은 제2차 세계대전 중에 국제적인 합의에 바탕을 두고 몇 차례나 자유, 독립이 약속되고 있던 조선을 분단, 분열시키는 것에 다름 아니었다.

그 준비로서 '유엔임시조선위원단'이 서울에 들어가는 등 조선을 분열시키려는 미국의 움직임이 분명해지자, 남녘 민중들은 격렬한 반대투쟁을 일으켰다. 1948년 4월 3일 조선의 최남단 제주도에서는 전 도민의 반대 투쟁이 일어났고, 전국적인 '민족분열

반대 구국투쟁'으로 확대되어 갔다. 장기간에 걸친 투쟁으로 전체 섬 인구 28만 명 가운데 4분의 1에 해당되는 도민이 미군과 이승만 독재정권에 의해 학살되었다고 한다. 재일동포 가운데에는 제주도 출신이 많았는데, 고향에서 가족이나 친척이 살해당하거나 체포되지 않은 집이 거의 없다고 해도 과언이 아니다.

부산은 일제 시기부터 반일 운동이 활발한 지방이었는데, 고향으로 돌아간 선배는 이런 사태에 손을 놓고 방관할 사람이 아니어서 적극적으로 투쟁에 참가하지 않았을까 싶다. 1948년 여름까지는 소식을 들을 수 있었지만, 그 뒤 이승만 독재정권에 의해 백색테러가 난무하던 시기에 선배와 연락이 완전히 끊기고 말았다.

2. 학도출진과 징병검사

전시 중이기는 했지만 가나자와에서 보낸 고등학교 생활은 나에게 잊을 수 없는 선배들과의 만남이 있고, 또 닥치는 대로 책을 읽으며 인생에 대하여 모색한 감수성이 풍부한 시기이기도 하다.

구제 고등학교는 아마도 다이쇼데모크라시의 마지막 빛이 희미하게 남아 있던 공간이 아니었을까. 군사교련도 전시라고는 생각할 수 없을 정도로 느긋해서 엄격한 중학교 시절과는 확실히 거리가 있었다. 벚꽃이 필 무렵이 되면 군사교련 시간에 교관이 "겐로쿠엔(兼六園)을 향하여 행진, 앞으로 갓!"하고 호령을 한다.

'겐로쿠엔'은 일본에서도 유명한 명승지이거니와 그쪽으로 행진하는 것은 한마디로 꽃놀이를 가자는 뜻이다. 4고에서 오래 근무한 이 늙은 예비역 육군 중좌는 우리 학생들의 기질을 잘 이해하고 있었다.

신입생 환영회에는 '스톰'이라는 문자 그대로 폭풍 같은 '통과의례'도 여전히 남아 있었다. 이것은 모두가 고요히 잠든 한밤중에 갑자기 큰 북을 두드리며 상급생 한 무리가 각 방에 난입하여 엉망진창으로 난폭하게 휩쓸고 지나가는 '환영식'이다. 이러저러한 통제나 금지 사항이 많던 전시 상황이었지만 이런 것이 규제되고 있지는 않았다. '오버게이트'나 '스루게이트'라는 폐문 시간에 늦은 학생들이 담을 넘거나 교문 아래로 기어 들어오는 일도 자주 있었지만 문제가 되지는 않았다.

치열한 전쟁 비판

기숙사는 학생위원회에서 자치적으로 운영되고 있었다. 도사카 준(戶坂潤)의 유물론이나 하니 고로(羽仁伍郎)의 《미켈란젤로》 같은 좌익계 책이 여전히 읽히고 있었다.

1년 학비는 90엔, 기숙사비는 식비를 포함하여 한 달에 16엔으로 지금은 상상할 수 없을 정도로 쌌다. 이와나미문고의 '별표 하나'가 20전이던 시대였기 때문에 30엔 정도 있으면 생활할 수 있었다. 그 무렵 만주는 인플레이션이 심해서 담배 한 갑에 5엔이나 했기 때문에 어머니는 걱정이 이만저만이 아니었을 테지만, 만주와 일본의 환율이 일대일이어서 나한테는 큰 도움이 되었다.

구제 고등학교의 기숙사에서는 벽이면 벽 천장이면 천장 할 것 없이 역대 선배들의 '철학적인 낙서'로 가득 차 있어서 역사를 느낄 수 있는 독특한 분위기가 있었다.

한 방에 문과와 이과 학생 여덟 명이 섞여 있었기 때문에 화젯거리가 많았다. 나는 2년 동안 기숙사 생활을 했는데, 고등학생으로서 서로 인격을 존중하는 기풍과 우정이 있었다. 학우들은 물론 내가 조선 사람이라는 것을 알고 있었지만, 겨울방학이라고 해도 집으로 돌아갈 수 없었던 나를 가까운 후쿠이나 가나자와 시내에 있는 자기 집으로 종종 놀러 오라고 초대해 주었다. 내가 4고를 졸업한 것은 벌써 60년 전의 일이지만 그때 일본인 학우들과의 우정은 지금도 이어지고 있다.

기숙사의 방에서는 한밤중까지 토론이 계속되는 경우가 많았다. "천황은 간누시(神主)의 우두머리 같은 것이지 현인신(現人神)은 아니다"라며 천황제를 비판하는 발언도 있었다. 또 그 무렵 신문에도 자주 사용되던 '전진'(轉進)이라는 말도 실제로는 '패주'이고, 과달카날(Guadalcanal) 패전, 애투 섬(Attu Island) 옥쇄, 이탈리아의 무조건 항복은 결국 일본이 이 전쟁에서 패한다는 것을 의미한다며, 당시로서는 입 밖에 낼 수 없는 놀랄 만한 의견도 나왔다. 나는 이런 토론에서 대단한 자극을 받았다.

당시 나는 선배들처럼 실제로 투쟁에 참가할 용기 있는 학생은 아니었지만, 이 시기에 받은 강한 인상은 소학교 때부터 들어 온 김일성 장군의 전설적인 이야기와 함께 나에게 사상적으로 깊은 영향을 주었다고 생각한다.

생사의 갈림길에 선 청춘

나는 나이가 조금 모자라 '학도출진'은 면할 수 있었지만 1943년 가을 가나자와에서 징병검사를 받아야 했다.

그해는 이탈리아가 무조건 항복하고 연합국 측은 이미 전후 처리 문제로 카이로선언을 발표할 무렵이었다. 애투 섬, 과달카날섬, 매킨 환초와 타라와 섬(길버트제도)에서 옥쇄가 계속되어 일본의 패색이 짙어지던 때였다. 요즘 젊은이들에게는 당시 우리들의 절실한 심정이 잘 이해가 되지 않겠지만, 정말로 붉은 소집영장을 받으면 그것은 사지로 부르는 초대장을 받은 것이나 마찬가지였다. 대학생에 대한 징병연기 제도가 폐지되고 학우들이 차츰차츰 소집되어 어제 한 명, 오늘 또 한 명, 이가 뽑히듯 학업을 중단하고 교실을 떠나갔다. 그것은 다시 교실로 돌아올 수 있을지 알수 없는 친한 벗들과의 이별이었으며 가슴이 미어지는 비장감이 들었다.

우리는 따로 송별회 같은 것을 하지 않았다. 그 대신 몇이 모여서 베토벤의 〈운명〉이나 슈베르트의 〈겨울 나그네〉를 듣기도 했다. 그것은 음악 감상회 같은 것이 아니라 이윽고 자신에게도 찾아올 운명을 생각하는 시간이었다.

우리는 청춘의 한가운데에서 죽어 가거나 죽음과 마주해야 하는 세대였다. 우리는 사나운 전쟁의 폭풍 속에서 그 누구도 눈앞에 닥친 생사의 운명을 심각하게 생각하지 않을 수 없었다.

친구 가운데에는 후쿠이 현의 에이헤이사(永平寺)에서 참선하는 이도 있었다. 나는 언제 끝날지 알 수 없는 이 전쟁에서 나 혼자만 살아남으리라고 생각할 수 없었다. 가나자와에는 소나무 숲이 듬성듬성 있는 사구(砂丘)가 있다. 나는 시내를 멀리 벗어나 아무도 오지 않는 외딴 그곳에 자주 가곤 했다. 해질 무렵 노을을 받아 일렁이는 사나운 북쪽 바다를 하염없이 바라보면서 어쩌면 길지 않을지도 모를 인생에 대하여 생각했다.

지금껏 나를 사랑하고 키워 주신 조부모님과 부모님, 까마득한 바다를 두고 멀리 떨어진 고향을 생각하니 그리움이 절절하고 가슴이 미어지는 듯했다. 그럴 때면 〈고향 하늘〉이라는 노래를 읊조리곤 했다.

푸른 산 저 너머로 멀리 보이는
새파란 고향 하늘 그리운 하늘.
언제나 고향 집이 그리울 제면
저 산 너머 하늘만 바라봅니다.

새파란 저 하늘 그 아래는
나서 자란 고향 집이 기다린다오.
고향을 떠나온 지 그 몇 해인가

저 하늘만 바라보면 가고 싶어요.

......

자나 깨나 잊지 못한 그리운 고향

그 언제나 다시 찾아 돌아들 가리.

하지만 아무리 고민을 해도 마지막까지 해결되지 않는 문제가
있었다. 그것은 조국을 잃은 나는 "누구를 위하여, 도대체 무엇을
위하여 죽어야 하는가" 하는 것이었다.

실망과 분노의 시국 강연회

1943년 겨울방학은 기간도 짧고 돈도 없어서 나는 만주의 집
으로 돌아갈 수 없었다. 같은 방 학우들이 권하기도 해서 나는 그
들의 집을 찾아가면서 여러 곳을 두루 다녔다.

도쿄에 왔을 때 마침 메이지대학 강당에서 조선 학생을 대상으
로 한 시국 강연회가 있었는데, 최남선, 이광수 같은 사람이 출연하
고 있었다. 전쟁 국면이 점점 악화되고 징병검사가 끝나 언제 소집
통지서가 올지 모르는 운명에 있던 나는 한마디라도 좋으니 '구원'
의 메시지라도 찾겠다는 절실한 심정으로 강연회에 참가했다.

그런데 그들이 하는 말을 듣고 실망을 금할 수 없었다. 그들은
"대동아전쟁은 아시아 해방을 위한 성전"이고 "조선 학생이라고
찻집에 앉아 있을 게 아니라, 일본 학생들과 함께 전장에서 피를

흘려야 한다"고 설교하는 게 아닌가.

최남선은 3·1운동이 일어났을 때 독립선언서를 기초한 역사가였다. 이광수도 학생들에게 인기 있는 작가였다. 당시 나는 여전히 지난날 민족주의를 부르짖은 그들에게 환상을 품고 일말의 기대를 걸고 있었던 것이다.

우리 조선인 학생들은 한가로이 찻집에나 처박혀 있지 않았다. 하지만 그들은 이제 사지로 내몰리지 않으면 안 될 조선의 학생들에게 한마디 위로라든가 의미 있는 말은커녕, 일본의 지배자들과 한목소리로 '성전승리'를 위한 전장에서 피를 흘리는 것이야말로 '조선인으로서의 영광'이라고 강조하는 것이었다.

최남선은 뒷날 괴뢰 '만주국'의 고급 관리를 양성하는 건국대학의 교수가 되고, 이광수는 '황도문화'를 선전하는 문인보국회에 들어갈 정도로 타락하게 된다. 당시 나는 일찍이 '민족 독립'을 주창하던 이 두 사람이 이제는 일본 제국주의의 앞잡이가 되어 우리에게 그 어떤 대의명분도 없는 '개죽음'을 강요하는 보잘것없는 변절자로 추락한 꼴을 보고 놀라 분노를 억누를 수가 없었다.

병사의 목숨

도쿄를 출발한 나는 각지를 돌며 군대에 간 동급생들을 찾아갔다. 우쓰노미야(宇都宮)에서는 기병부대에 입대한 친구를 찾아갔는데, 엄동설한에도 찬물에 손을 담그며 말을 돌보던 그 친구의 손은 살갗이 다 터서 차마 눈 뜨고 볼 수가 없을 정도였다. 그곳의 상관이 "너희들은 일전오리(一錢伍厘)짜리 엽서 한 장으로 얼마든지 보충될 수 있지만, 말은 그렇지 않으니 귀하게 다루도록 하라"며 엄하게 지시하고 있다는 것이었다. 이 말을 듣고 나는 쓴웃음을 지을 수밖에 없었다. 칸트 철학에 심취해 있던 그 친구의 목숨은 일전오리의 가치밖에 되지 않고 말만도 못하게 취급받고 있었던 것이다.

친구 하나는 에히메 현의 니하마에 있는 육군 선박병 부대에 입대해 있었는데, 소형 선박으로 적의 군함을 공격하는 훈련을 하고 있다고 했다. 고토히라에 있는 친구 집에서 만들어 준 주먹밥을 내놓으니 그는 그 자리에서 먹으려 하지 않고 그대로 주머니에 넣었다. 나중에 변소 안에서 먹겠다는 것이었다. 만약 이곳에서 혼자 먹고 있는 게 발각되면 고참병들에게 바치지 않았다는 이유를 들면서 무서운 기합을 받을 수밖에 없다고 했다.

군대는 지성이나 교양이라는 것이 전혀 통용되지 않는 곳이었다. 병사들에게 유일하게 자유로운 공간이 있다고 한다면, 그곳은 변소 안밖에 없다고 그는 침울한 표정으로 말하고 있었다.

4고에 재학하면서 나는 여러 좋은 친구들과 사귈 수 있었다. 일본의 지성이라고도 할 수 있는 훌륭한 인재들이 인간으로서의 존엄을 완전히 유린당한 채 죽음으로 내몰리는 이 전쟁은 도대체 무슨 의미가 있는가 하고 나 스스로에게 되물으며 솟구쳐 오르는 분노를 억누를 수 없었다.

8장

해방 전후의 나날

1. 부모님과 이별하고 일본으로

1945년, 일단 만주로 돌아온 나는 그해 3월 교토대학 경제학부에 입학하기 위해 다시 일본으로 향했다.

그 무렵 아버지와 어머니는 나한테 웬만하면 일본에는 가지 말라는 말을 수차례 했다. 전쟁 말기가 되자 무기 공장이 있는 선양이나 철강소가 있는 안산(鞍山)도 B29의 폭격을 받게 되었다. 일본 전국이 폭격을 받아 수많은 사람이 죽고 집이 불타고 있던 사정을 아버지 어머니도 알고 있었기에, 나를 멀리 위험한 일본으로 보내려고 하지 않았다. 하지만 언제 소집될지도 모르는 운명이었던 나는, 군대에 끌려가기 전까지는 어떻게 해서든 공부를 더 하고 싶어서 부모님 말씀을 듣지 않았다.

나도 자식을 둔 아버지가 되고 보니 부모 심정을 알 수 있게 되었다. 그때 아버지와 어머니가 얼마나 마음이 아팠을지 생각하니 지금도 가슴이 아린다.

부산항 여객터미널

　어떻게 해도 자식 마음이 바뀌지 않자 아버지도 어머니도 아무 말씀을 하지 않았다. 막상 집을 떠나는 날이 되자 어머니는 역까지 나를 바래다주셨다. 집에서 2킬로미터 정도 되는 역까지 어머니와 아들은 아무 말도 하지 않고 걸었다. 모자가 새하얀 눈을 뽀드득뽀드득 하며 밟는 소리는 아직도 내 귓전을 맴돈다. 기차 타는 사람도 없는 영액문(英額門)이라는 한적한 마을 작은 역에서, 이것이 마지막이 될지도 모르겠다고 생각하면서 나는 어머니와 작별했다. 찬바람 속에 홀로 우두커니 서 계시던 어머니는 얼마나 슬프고 가슴이 아팠을까.

　만주에서 출발한 기차가 한반도를 종단하여 부산까지 오는 데는 이틀이 꼬박 걸린다. 전시의 혼란스런 교통 사정 속에서 나는 여행 가방에 걸터앉은 채 1천 킬로미터도 넘는 거리를 달렸다. 몹시 피곤한 여정이었지만, 돈도 없었고 그 무렵에는 학생 신분으로 침대차는 꿈도 꿀 수 없었다.

부산에 도착해서는 관부(關釜, 부산-시모노세키) 연락선을 타기 위해 조선 사람은 한 줄로 늘어서서 도항 증명서를 보여 주고 짐 검사를 받아야 했다. 나를 조사한 특고는 여행 가방에서 나온 책 한 권을 집어 들고 무슨 책인지 캐물었다. 존 스튜어트 밀의《자유론》이라고 대답하자 "네놈은 자유주의자인가?" 하고 다짜고짜 주먹을 휘둘러 코피가 나고 얼굴이 부어오를 정도로 때렸다. 당시는 '자유주의자'는 '빨갱이'와 다를 바 없이 '비국민' 취급을 하던 시대였지만, 여러 사람들이 보고 있는 앞에서 어처구니없는 굴욕을 당하며 참을 수밖에 없었던 일은 좀처럼 잊을 수가 없었다.

교토제국대학

교토제국대학은 전시에도 가와카미 하지메(河上肇) 사건, 다키가와 유키토키(瀧川幸辰) 사건이 일어날 정도로 침략이나 파시즘에 저항한 학풍이 남다른 대학이다. 그곳에서 리승기 박사와 만나는 꿈같은 일이 벌어졌다.

《동아일보》로 기억되는데, 내가 중학교에 다닐 무렵 리승기 박사의 큼지막한 사진이 실려 비날론을 발명한 세계적인 과학자로 보도된 적이 있다. 일본 최고학부인 교토제국대학에 조선인 교수가 있다는 사실에 나는 무척 놀랐다. 존경과 함께 동경하는 마음이 들었지만, 훗날 선생과 가까이 지내게 될 줄은 꿈에도 생각하지 못했다. 교토에서 공부할 때뿐 아니라, 그 뒤로도 나는 리승기 선생한테서 많은 영향을 받았다.

교토에서 나는 좋은 친구들도 여럿 만날 수 있었다. 동기생으로 공학부에 입학한 염성근이나 이학부의 김상돈은 바로 가까운 곳에서 함께 하숙 생활을 했다. 그 마을은 작은 수로가 흐르는 사쿄쿠 기타시라카와 히라이초라는 곳으로, 유명한 긴가쿠지(銀閣寺) 가까이에 있다. 논과 밭 사이로 농가가 있어 전쟁만 아니라면 한가로운 전원 풍경이 펼쳐진 고요한 마을이었다.

1945년에 들어오면서 공습이 점점 심해졌다. 죽음의 비를 뿌리는 B29 폭격기 수십 대가 편대를 이뤄 청명한 하늘에 뽀얀 연기를 내뿜으면서 날마다 요시다 산 상공을 지나갔다. 3월 중순에는 오사카 대공습이 일어나 무차별 폭격으로 집이 13만 채나 불타고 아무 죄도 없는 어린아이와 여성을 비롯한 수만 명이 무참히 불타고 말았다. 교토는 공습을 받지는 않았지만, 밤이 되면 엄격한 등화관제로 도시 전체가 암흑의 바다 밑으로 가라앉은 듯했다.

리승기 박사가 근무하고 있던 교토대학 공학부의 합성섬유 연구 부문에는 당시 우수한 조선 학생들이 모여 있었다. 뒷날 선생을 도와 공화국의 노력영웅 칭호를 받고 고분자연구소 소장이 된 이재업 선배는 이미 졸업했지만, 특별 대학원생으로 강사·교수가 되는 과정을 밟고 있던 김태열, 재학 중이던 송법섭, 그리고 염성근은 대학에서 연구에 전념하고 있었다. 김태열 선배는 너무 일찍 세상을 떠났다고 듣고 있지만, 다른 연구자들은 뒷날 공화

교토제국대학 시절(앞줄 오른쪽에서 두 번째가 지은이)

국의 비날론 공업화에 저마다 크게 이바지하고 있다.

　전쟁 말기, 문과 계열 학생들이 학도출병, 징병으로 끌려감에 따라 교토제국대학 동창회의 인원수가 줄어들었지만, 남아 있던 조선 학생들은 기타시라카와 히라이초 일대에서 하숙하고 있었다. 그 무렵에는 지정된 외식권 식당에 등록하여 정해진 시간에 식사를 해야 했기 때문에 우리는 함께 밥을 먹으며 이런저런 얘기를 나눌 수 있었다. 또 기타시라카와에는 이학부 교수인 이태규 선생, 강사 박철재 선생(나중에 서울대학교 교수, 원자력연구소 초대 소장을 지냈다), 교토대학 화학연구소 소장으로 있던 기타 겐이쓰(喜多源逸) 선생의 집이 있어, 리승기 선생도 이따금 왔기 때문에 기타시라카와 히라이초는 우리가 자주 만나는 장소가 되었다.

해방 후 동포들과 류종묵(柳宗默) 스님의 도움으로 유학생동맹 간사이 본부 기숙사가 된 청구료(靑丘寮)가 이곳에 건립된 것도 모두 이런 유래가 있었기 때문이다.

전시하의 배급 제도

공습 아래에서 우리는 어찌 될지 모르는 운명 속에서 살고 있었다. 《헤이케모노가타리》(平家物語)에 "기원정사(祇園精舍)의 종소리는 제행무상(諸行無常)의 메아리로다"라는 유명한 구절이 있는데, 시라이초까지 들려오는 교토제국대학 시계탑의 종소리는 전쟁이 점점 격렬해져 삶과 죽음의 틈새에서 살고 있던 내 처지에서는 생사관의 계시, 죽은 이에 대한 진혼, 평화를 희구하는 수많은 사람들의 기도 소리로도 들렸다. 흐르는 물소리뿐인 어둡고 적막한 밤하늘로 전해 오는 시계탑 종소리는 고향을 멀리 떠나와 무서운 전쟁의 한가운데에서 외롭게 살고 있던 내 마음 깊은 곳까지 울렸다.

전시라는 힘겨운 상황에서 우리 조선 학생들은 주린 배를 부여잡고 기타시라카와 히라이초의 한 귀퉁이에서 어깨를 맞대고 살아갔다. 염성근은 고분자화학을 전공하며 리승기 선생의 지도를 받는, 말하자면 직계 제자였다. 김상돈은 선생의 먼 친척뻘로 이학부에서 물리학을 전공하고 있었다. 교토제국대학에 들어가면서 나는 무슨 인연인지 리승기 박사 둘레에 있는 사람들과 친구가 되었다. 학부는 달랐으나 우리들은 오사카 부 다카쓰키 시에 있는 선생의 연구소나 댁에도 함께 자주 드나들며 친하게 지내게 되었다.

그 무렵은 배급 제도가 엄격하여 우리는 하루 식권 세 장으로 생활할 수밖에 없었다. 학생식당에서 나오는 것이라고는 양을 늘리기 위해 부드러운 보리 짚을 섞은 빵 한 조각과 채소 잎이 떠 있는 멀건 국 한 그릇이 전부였다. 입에 담기 불편하지만 그 빵을 학생들은 '소똥'이라고 부를 정도였다.

가나자와(金沢)는 '가가(加賀) 백만 석'이라고 불리는 곡식이 풍부한 지방의 성시였기에, 전시 중에도 우동 같은 것은 먹을 수가 있었다. 하지만 교토는 식량 사정이 좋지 않아 먹을 것을 구하기가 여간 힘든 게 아니었다. 우리는 일본에 친척도 없고 도움을 받을 만한 아는 사람도 없었다. 이런 상황에서 굶주림이란 것은 뭐라 말할 수 없을 정도로 비참했다.

2. 오사카 헌병대 본부

교토에 온 나는 오랫동안 존경해 오던 리승기 박사와 가까이 지낼 수 있었을 뿐 아니라 좋은 벗들과도 만날 수 있었다. 이런 행운은 인생에서 드문 것이었기에 비록 굶주리기는 했으나 나는 무척 행복하다고 생각했다.

갑오농민전쟁과 광주학생사건, 리승기 박사

리승기 박사는 전라도 담양 출신이다. 전라도 일대에서는 1894년에 대규모 농민 봉기가 일어났다. 농촌까지 침투해 들어가 농민의 생활을 고달프게 한 일본 자본주의와 봉건 지배층의 탐욕적인 수탈에 맞서 전봉준의 지도 아래 '보국안민,' '척왜양이,' '멸진권귀'(양반과 관료, 부호를 타도한다)의 기치를 내건 농민들의 투쟁이 전라도 일대에 널리 퍼졌다.

갑오년에 일어났기에 역사가들은 이 농민 봉기를 일컬어 '갑오농민전쟁'이라고 한다. '구병입경'(서울 점령)이라는 목표를 두고 수도 서울까지 치닫던 농민군은 신식 연발총을 들고 침입해 온 일본군에 맞서 화승총이나 창을 들고 싸우다 끝내 피를 흘리며 쓰러져 갔다.

새야 새야 파랑새야
녹두밭에 앉지 마라.
녹두꽃이 떨어지면
청포장수 울고 간다.

이 노래는 얼굴이 곰보여서 녹두장군이라 일컬어진 갑오농민전쟁의 지도자 전봉준의 죽음을 애도하는 동요이다. 폭정에 시달리던 농민의 선두에 서서 용감하게 싸우다 최후를 맞은 전봉준의 죽음을 슬퍼한 민중들의 마음은 이야기나 노래가 되어 지금도 전해지고 있다. 리승기 박사의 고향 담양은 농민전쟁 때 고부, 태인, 남원과 함께 봉기의 중심지 가운데 하나였는데, 리 박사도 전봉준에 관하여 자주 얘기를 하셨다.

더구나 전라도에서는 현대에 들어와서도 '광주학생사건'이라는 대규모 반일운동이 일어났다. 1929년 11월 기차를 타고 통학하던 조선 여학생에게 일본인 중학생이 노골적인 민족 차별과 모욕을 준 사건이었다. 이 사건이 발단이 되어 분노한 조선 학생과 일본인 학생 사이에 패싸움이 벌어졌다. 일본 경찰은 수많은 조선 학생을 검거하고 나섰다. 터무니없는 탄압에 맞서 광주 시내 조선 학생들이 일본의 '메이지절'인 11월 23일 일제히 동맹휴업에 들어가고 "일본 제국주의를 타도하자," "식민지 노예 교육을 폐지하라," "검거된 학생들을 즉각 석방하라"는 요구를 내걸고 투쟁에 나섰다. 이 반일 학생 투쟁은 서울과 평양, 부산, 대구, 함흥 등 전국으로 확대되었고 수많은 시민들도 참가하였다.

농민전쟁에 관한 갖가지 이야기와 발자취가 서려 있는 고향 땅에서 일어난 반일운동은 리승기 박사의 인격 형성에 깊은 영향을 끼쳤으리라.

사찰과 감시

입학하고 인사하러 가니, "부디 조선 사람의 긍지를 잃지 말게. 학업과 연구에서도 조선 사람으로서 결코 부끄러움이 없도록 노력해야 하네" 하고 당부하던 리승기 박사의 모습을 잊을 수가 없다. 자연과학자들 가운데에는 더러 사회적 관심이 적은 사람도 있는데, 선생의 경우는 결코 그런 일이 없었다. 민족에 대한 사랑을 깊이 간직하고 있는 박사는 조선 학생들한테 존경을 받으며 영향을 끼쳤고 언제나 그 중심에 서 있었다. 그 때문에 선생은 일찍부터 관헌에 요주의 인물로 감시를 받고 있었다.

1945년 3월에는 이오지마(硫黄島)에서 일본군이 전멸하고 같은 달 중순에는 B29 폭격기가 도쿄와 오사카에 대공습이 계속되는 현실을 보면서, 우리도 일본 제국주의가 파국으로 치닫고 있다는 것을 알 수 있었다.

그 무렵 '본토결전,' '일억옥쇄'(一億玉砕)를 소리 높여 외치는 가운데, 미군의 일본 본토 상륙을 앞두고 미군에 호응하리라고 생각되는 조선인은 모두 간첩이므로 죽여야 한다는 이야기가 나돌고 있었다. 간토대지진 때 조선인 대학살이 일어난 사실을 알고 있던 우리는 도저히 이것을 그냥 풍문으로 넘겨 버릴 수가 없었다.

이 전쟁에서 일본은 반드시 패한다

4월 28일 이탈리아의 무솔리니가 민중들한테 총살되고 이어서 4월 30일에는 전 유럽을 전쟁터로 몰아넣은 히틀러가 베를린의 지하 벙커에서 자살했다. 뒤이어 5월 7일 독일은 무조건 항복하기에 이른다.

그 무렵 일본의 항복을 연합국에 알선하기 위해 고노에 후미

마로(近衛文麿)를 소련에 파견한다는 풍문이 나돌았다. 우리는 이 런저런 징후로 보아 시기는 알 수 없으나 일본이 전쟁에서 틀림 없이 패할 것이라고 생각했다. 극도로 긴장한 상황에서 다카쓰키 시에 있던 리승기 박사의 집을 자주 드나들곤 했다. 우리는 일본 이 패전하여 조선이 독립하게 되면 조국으로 돌아가 건국 사업에 적극 참여하고 힘을 합쳐 과학과 문화의 초석을 다지는 데 힘을 보태자는 이야기를 나누었다. 나는 독립된 조국에 돌아가면 애덤 스미스의《국부론》을 우리말로 번역하는 작업에 착수하려고 마 음먹고 있었다.

우리들은 또 패전과 함께 일본에 머물고 있는 우리에게 닥쳐올 위험에 어떻게 대처할지에 대해서도 의논했다. 그 무렵 일본의 패전이나 조선의 독립을 운운하는 것은 위험한 일이었고 발각되 면 체포되어 중형에 처해질 게 뻔했다.

진작부터 리승기 박사를 주목하여 신변을 조사하고 있던 헌 병대는 검거에 앞서 조선인 보조헌병을 앞잡이로 보내 박사의 동정을 살피고 있었다. 박사에게 접근한 이 사내는 박사의 마음 을 슬쩍 떠보는 것이었다. 자신은 살기 위하여 마음에도 없는 헌 병대에 근무하고 있지만, 조선 사람으로 양심을 잃지 않고 있다 고 했다. 일본이 패전하고 조선이 해방되면 고향으로 돌아가 농 사나 지으며 평범하게 살 생각이라고 했다. 박사는 헌병대 앞잡 이가 되어 있는 그 사내를 상대하려고 하지 않았다. 우리는 전혀 알아차리지 못했지만, 그 사내는 그 뒤로도 집요하게 며칠 동안이나 마루 밑에 숨어서 우리들의 대화를 전부 훔쳐 듣고 있었다. 헌병대가 박사를 체포하러 왔을 때 앞장서서 안내한 자는 바로 이 비열한 앞잡이였다.

헌병대에 감도는 섬뜩한 살기

박사와 자주 만나던 염성근, 김상돈과 나, 그리고 나중에 알게 되었지만 이학부 강사 박철재 선생까지, 패전을 바로 앞둔 7월 하순에 저마다 쥐도 새도 모르게 사복 헌병에게 연행되어 치안유지법 위반 혐의로 오사카 헌병대 본부에 구금되었다. 헌병대에 끌려가 보니 리승기 박사는 이미 검거되어 거기에 있었다.

헌병대에는 경찰서에서는 느끼지 못했던 섬뜩한 살기가 감돌고 있었다. 경찰에 체포되었다고 해도 나중에 풀려날 수 있었지만 전시였던 당시는 헌병대에 한번 연행되면 다시는 석방되기 힘들다는 얘기가 돌고 있었다.

나는 간토대지진 때 아마카스(甘粕) 헌병 대위가 오스기 사카에(大杉榮)를 친척의 아이들까지 모조리 참혹하게 죽인 사실을 알고 있었다. 또 만주에서 일본 헌병대가 얼마나 잔혹한 짓을 저질렀는지 직접 눈으로 보았기에 여기서 살아서 나올 수는 없다고 생각했다. 이제는 죽어야 하는 어찌할 수 없는 내 자신의 운명에 대하여 각오를 다질 때가 왔다고 느꼈다.

어두컴컴한 감방에서

선배한테 들은 바가 있거니와, 구금되어 일주일쯤 지나면 바깥 세상이 그립고 괴롭다는 생각이 들 때가 올 거라더니, 그 말이 실감 났다. 나는 4층 독방에 수감되어 있었는데 쇠창살 너머 길거리를 내려다보면 퇴근해서 집으로 돌아가는 사람들 모습이 보였다. …… 저 사람들은 집에 가서 식구들과 저녁을 먹고, 이런저런 이야기를 나누고, 따뜻한 이불을 덮고 잠자리에 들겠지……. 날마다 반복되는 평범한 일상이겠지만, 헌병대 본부에서 두 번 다시 바깥세상으로 나갈 수 없다고 생각하던 나에게 그 풍경은 여태껏 느껴 보지 못한 중요한 의미를 깨우쳐 주는 것 같았고, 한없이 멀리 떨어져 있는 세계에서 일어나는 일처럼 생각되었다. 특수한 상태에 있는 나 자신과 보통처럼 일상생활을 누리고 있는 사람들 사이에 너무도 심각한 단절이 있음을 절절히 느꼈다.

헌병대에서는 이틀째 인정심문만 했고 경찰과 달리 취조도 없었으며 고문도 시작되지 않았다. 아무런 움직임도 없어서 오히려 불안감이 엄습해 왔다. 식사는 하루 세끼로 작은 감자 두 개가 전부였다. 아침으로 채소 이파리가 조금 떠 있는 된장국이 따라 나왔고 점심과 저녁에는 반찬이라고는 아무것도 없고 물 한 그릇이 전부였다. 하루 종일 똑바로 앉은 채 지시 없이는 세수를 하거나 이도 닦지 못했다.

설령 헌병대가 허가를 한다고 해도 나에게는 뭔가 넣어 줄 친척이나 아는 사람도 없었다. 나는 비교적 체력이 좋은 편이었지만, 감자 두 개씩 먹으며 하루하루를 지내다 보니 몸이 점점 쇠약해져 가는 것을 느낄 수 있었다. 햇볕이 잘 들지 않는 감방은 위생상태가 나빠서인지 발과 온몸이 가려워 참을 수가 없었다.

음침한 감방의 기나긴 밤, 나는 여기서 누구에게도 알려지지 않은 채 죽어 갈 거라고 생각했다. 그러나 한편으로는 젊은 내가 왜 이딴 곳에서 죽어야 하는가 하고 반발도 했다. 삶에 대한 집념이라고 할 수 있을까, 나는 감자를 마흔 번쯤 잘게 씹어서 삼키곤 했다. 그렇게 하면 양분을 조금이라도 놓치지 않고 위장에서 흡수할 수 있으리라 생각했다. 또한 헌병의 눈을 피해 될 수 있으면 팔과 목을 움직이려고 애썼다.

아무것도 먹을 가망이 없는 굶주림이란 정말 무서운 것이었다. 그런 공복을 참아야만 하는 것도 물론 힘든 일이지만 몸이 요구하는 것인지 특히 소금에 대한 갈망이 컸다. 정말이지 서너 조각이라도 좋으니 감자에 소금을 좀 찍어 먹으면 하는 마음이 간절했다. 하지만 일본 헌병대는 소금 한 알도 주지 않았다.

급작스런 석방

8월 초순에 돌연 나는 헌병대에서 풀려났다. 나중에 알았지만 따로따로 구금되어 있던 세 사람도 동시에 석방되었다.

이때 나는 그렇게 빨리 일본 제국주의가 무조건 항복하고 조선이 해방되리라고는 아예 생각조차 못했기 때문에 이 갑작스런 석방에 불안감을 느꼈다. 신문도 라디오도 없었던 나는 '다라이마

와시'(구류 기간이 끝난 용의자를 이곳저곳 옮기며 구류를 계속하는 조치)가 되어 뭔가 더 불길한 일이 일어날 조짐은 아닌지 무거운 불안감 속에 하루하루를 보내야 했다.

결과적으로 다행히도 나는 일본이 패전함으로써 목숨을 건질 수 있었다. 헌병대에 구금된 날은 보름 정도밖에 되지 않았지만, 나에게는 삶과 죽음, 빛과 암흑, 희로애락이 짧은 시간 속에서 응축된 극한 상태의 체험이었다.

뒷날 731부대의 실태를 알게 되었지만, 당시 세균전을 위해 잔인한 인체 실험으로 희생된 수많은 조선인과 중국인, 러시아인 대부분이 각지의 헌병대로부터 '마루타'(丸太, 통나무)라는 암호명으로 끌려간 사람들이라는 사실을 알고는 등골이 오싹했다. 만약 전쟁이 반년이나 1년을 더 끌었다면 내 운명은 어떻게 바뀌었을지 모른다.

하숙집에 돌아온 나는 B29가 뿌린 삐라를 보고서야 일본의 무조건 항복을 요구하는 포츠담선언이 발표되었다는 사실을 알게 되었다. 하지만 B29 폭격기나 전투기의 공습은 계속되어 전쟁이 간단하게 끝나리라고는 생각하지 않았다.

3. 환희의 날, 8·15

나는 1945년 8월 15일의 해방을 교토에서 맞았다. 구름 한 점 없는 새파란 하늘에서 태양이 몹시도 내리쬐는 무더운 날이었다. 점심을 먹으러 학생식당으로 가고 있던 나는 농학부 건물 앞에 수많은 학생과 교직원이 모여 머리를 숙이고 흐느끼는 장면을 보았다. 방금 무조건 항복을 선언하는 천황의 '옥음방송'이 흘러나왔다는 것이다. 그 순간 나는 내 귀를 의심했다. 전황이나 잦은 대공습을 보면서 일본의 패전은 틀림없는 사실이겠지만, '본토결전,' '일억옥쇄'를 부르짖던 살기등등한 분위기 속에서 전쟁이 이렇게 어이없이 끝나리라고는 도무지 예상할 수 없었기 때문이다.

그러나 바야흐로 전쟁은 끝났다. 길고 고통스러운 식민지 시대는 지금 이 순간 막을 내린 것이다. 우리는 해방된 것이다! 해방이다! 폭발하는 듯한 그때의 환희를 적절하게 표현할 수는 없지만, 나는 60여 년이 흐른 지금도 그날의 폭풍 같은 격정을 또렷이 기억하고 있다.

리승기 박사는 8월 15일 늦은 밤 발이 짓물러 걷기도 힘든 쇠약한 몸으로 오사카 헌병대에서 석방되었다. 가족의 부축을 받으며 돌아온 박사를 맞이하면서 우리(박철재 선생, 염성근, 김상돈과 나)는 눈물을 흘리며 아무 말도 없이 서로 껴안았다. 우리는 일본 헌병대라는 끔찍스런 사지에서 살아 돌아왔다. 그날 밤은 조국의 해방과 우리 개인의 자유가 한데 포개진 환희의 밤이었다.

조국으로 돌아가는 리승기 선생

해방을 맞아 염성근, 김상돈과 함께 우리가 긴급한 문제로 몰두한 것은 교토대학에 재직하고 있는 선생님을 하루빨리 귀국시키는 일이었다.

전쟁 전 일본에서 국공립과 사립을 막론하고 조선 사람이 대학 교수가 된 분은 손에 꼽을 정도였다. 당시 교토제국대학에는 공학부에 리승기 교수, 이학부에서 양자역학을 강의하고 있던 이태규 교수, 같은 이학부 강사로서 고무의 엑스선 결정을 연구하고 있던 박철재 박사가 있었다. 이태규 교수는 아인슈타인이 있는 프린스턴대학 고등연구소에서 연구를 마치고 돌아와 이 대학에서 가르치고 있었다.

리승기 선생과 우리는 토론을 거듭하며 해방된 조국의 과학기술 건설에 초석을 놓는 일에 이 세 분은 없어서는 안 될 사람들이므로 하루빨리 조국으로 돌아가야 한다고 합의를 보고 곧바로 준비를 서둘렀다.

전쟁 말기 문과계 학생들은 학도출병과 강제징집으로 전쟁터로 끌려갔고 의과·이과계 학생들은 대부분 조선의 고향으로 돌아가 있었기 때문에 남은 조선인 동창회 멤버는 열 명 남짓밖에 안 되었다.

11월 하순, 온기도 없는 차가운 방에서 우리는 소주 한 병과 마른 오징어를 앞에 놓고 선생들을 조국으로 보내는 소박한 송별회를 가졌다.

모임이 끝날 무렵 리승기 박사는 양사언의 〈태산〉이라는 시조를 낭랑하게 읊었다.

태산이 높다 하되 하늘 아래 뫼이로다.

오르고 또 오르면 못 오를 리 없건마는

사람들이 제 아니 오르고 뫼만 높다 하더라.

새로운 조선의 과학 건설이라는 큰 과업을 앞둔 선생의 높은 기개와 우리의 들뜬 심정을 그대로 표현한 것이리라.

너무도 추운 날이었지만 해방되어 새로 태어난 조선의 과학자, 지식인으로서 이제부터 새 나라를 건설하는 일에 적극 나서겠다는 포부와 사명감으로 우리들의 마음은 뜨겁게 불타고 있었다.

유학생동맹 간사이 본부 결성

해방 직후 우리 앞에 제기된 긴급한 과제 가운데 하나는 유학생동맹을 신속히 조직하여 학생들의 생활을 안정시키는 것이었다. 당시 유학생 대부분은 고향에서 보내오는 학비나 생활비가 끊겨 있었고, 일본에 친척이나 아는 사람도 없는 경우가 많았기 때문에 생활이 무척 힘든 상황이었다. 이 문제는 한시도 미룰 수 없는 일이었다.

우리는 교토대학의 조선인 동창회를 중심으로 곧바로 활동을 시작하여 우선 동포들이나 일본 행정기관 등에 유학생들의 궁핍한 실정을 적극적으로 호소했다. 교토에 있던 유일한 조선 사찰인 만수사(萬壽寺)는 당시 유학생의 생활 대책과 조직을 만들기 위한 센터 같은 역할을 하고 있었다.

어느 날 한 동포가 찾아와 유학생들을 위해 써 달라며 5만 엔을 내놓고 갔다. 1945년 9월 중순 무렵의 일이다. 패전 직후 인플레이션이 심했다고는 하지만, 당시 교토대학의 연간 등록금이 120엔이던 시절에 그 돈은 어마어마한 액수였다. 우리는 깜짝 놀라 눈이 휘둥그레졌다. 그 동포는 만수사 부근에 있는 토건회사 회장이었는데, 학생들의 어려운 사정을 알고 친자식들처럼 늘 걱정해 왔다고 했다. 우리들은 패전 직후의 곤경 속에서 동포들의 각별한 사랑을 마음속 깊이 새기게 되었다.

그 무렵 나라(奈良)에 있던 동포 가톨릭 신부 한 분이 미 점령군 물자 한 트럭을 보내 주었다. 담배, 초콜릿, 비스킷 등 당시에는 구하기 힘든 귀중한 물품을 받고 우리는 기뻐서 어쩔 줄 몰랐다. 보내온 물건 가운데에는 한 번도 본 적이 없는 통조림도 들어 있었다. 깡통을 열어 보니 소고기가 잔뜩 들어 있었는데, 그게 콘비프라는 것은 몰랐다. 그 무렵은 식량난 탓에 늘 배를 곯았고 몇 해 동안 고기라고는 입에 대 보지도 못한 시절이었기에 우리는 어쨌든 다 함께 먹을 수 있도록 큰 솥에 야채와 통조림을 함께 끓여 배불리 먹었다.

그때는 리승기 박사를 비롯한 선생들이 귀국하기 전이어서, 우리는 선생들이 가시기 전에 교토뿐 아니라 오사카, 효고, 아이치에도 조직을 확대하려고 애썼다. 여러 지역을 돌며 활동한 결과

드디어 1945년 9월 14일 만수사에서 '재일본조선인유학생동맹 간사이 본부'를 결성하기에 이르렀다. 만수사 주지 류종묵 스님 이 우리 활동을 물심양면으로 지원해 주었다.

우리는 리승기, 이태규, 박철재 세 선생과 류종묵 스님을 모시고 결성식을 올렸다. 해방 후 재일조선인 유학생 조직으로서는 가장 빠르게 조직된 것이다.

《공산당 선언》

만수사는 우리에게 학습의 마당이기도 했다. 해방 직후 우리는 처음으로 자유롭게 읽을 수 있게 된 마르크스주의를 의욕적으로 학습했는데, 밥도 먹고 잠도 잘 수 있는 만수사는 더할 나위 없는 학습 장소였다. 우리가 가장 먼저 학습하기 시작한 마르크스주의 서적은《공산당 선언》이다. 오랫동안 이야기는 많이 들었지만 실제로 손에 넣을 수는 없는 책이었다.

일본 제국주의의 압제 아래에서 전쟁 전 공산주의 관련 서적을 읽는 것은 엄격히 금지되어 있었고, 이를 위반할 경우 '치안유지법'에 따라 가혹한 형벌을 받았다. 제4고등학교 조선 선배들이 고통스런 형무소 생활을 보낸 것은 비밀리에 '마르크스주의 독서회'를 연 것이 발각되었기 때문이다.

마르크스주의는 식민지 시대에 조선의 학생과 지식인 사이에 큰 영향력을 미치고 있었다. 공산주의자에 대한 사회적 평가도 조선과 일본은 커다란 차이를 보였다.

천황제 아래 일본에서 공산주의자는 '비국민' 또는 '국가의 적'으로 취급되었다. 고바야시 다키지(小林多喜二)는 《게공선》(蟹工船)을 쓴 이름난 작가인데, 공산주의자라고 해서 경찰의 잔인한 고문을 받고 옥사했다. 가와카미 하지메(河上肇) 박사는 교토제국대학 교수였는데, 공산주의자라는 이유로 심한 사회적 박해를 받았다. 가와카미 박사는 빈곤과 굶주림에 시달리면서 가까스로 패전을 맞이했다.

하지만 조선에서 공산주의자는 사회적으로 존경을 받고 있었다. 그것은 일본 제국주의에 반대하여 가장 용감하게 민족해방운동을 전개한 이들이 조선의 공산주의자들이었고 가장 많은 희생을 치른 것도 조선 공산주의자였다는 사실을 조선의 민중이라면 누구나 잘 알고 있었기 때문이다.

해방 전부터 나는 《공산당 선언》에 관한 얘기를 많이 들었기에 언젠가 꼭 읽어야겠다고 생각하고 있었다. 하지만 그렇게 하지 못했다. 또 공산주의에 관해 단편적인 이야기를 듣고 이런저런 생각을 한 적은 있지만 체계적인 것도 아니었고 다분히 일본의 식민지 정책에 반발하는 감정적인 것이었다.

억압받는 사회적 약자들에게 해방과 투쟁의 길을 제시한 《공산당 선언》을 체계적으로 학습해 가면서 나는 심각한 사상적 충격을 받았다. 내 머릿속에 지금까지 일본 제국주의 지배 아래에서 교육받으며 축적된 세계관과 가치 체계가 와르르 무너지는 것 같았다.

그때는 그토록 강한 일본이 전쟁에 패하거나 무너지는 일은 결코 없을 거라고 생각하고 있었다. 그런데 일본 제국주의가 실제로 눈앞에서 붕괴되는 게 아닌가. 물론 커다란 역사적·사회적 변동의 영향도 있었겠지만, 당시 나에게 《공산당 선언》의 학습은 눈에서 꺼풀이 떨어져 나가는 것처럼 역사의 변혁에 관한 사상과 사고방식이 넓어지고 세계와 사회를 새로 보게 되는 계기가 되었다.

4. 재일조선인과 민족교육

환희 속에서 해방을 맞은 우리가 온 힘을 기울인 문제는 재일동포 아이들이나 청년들에게 우리말과 역사를 가르치는 일이었다. 그것은 바로 빼앗긴 민족의 말글과 얼을 되찾는 것이었다.

민족이라는 것은 공통된 언어에 의해 성립된 것이다. 그래서 언어를 가리켜 민족의 혼이라고 한다. 민족 문화도 또한 민족 고유의 언어로 전승되는 법이다. 민족이 언어를 잃어버린다면 그 민족은 언젠가는 소멸하게 된다. 일본 제국주의가 식민지 정책으로 우리말과 역사 교육을 금지하고 '황국신민화,' '내선일체'를 강요한 것은 조선 민족을 말살하여 일본인으로 동화시키기 위해서였다.

우리가 무엇보다 민족교육에 몰두한 것은 잃어버린 민족성을 되찾는 일이 시급했기 때문이다. 해방 직후 일본에는 조선 사람이 240만 명가량이 살고 있었다. 대개 강제징용과 징병으로 일본에 끌려왔기에 하루라도 빨리 고향으로 돌아가 가족과 재회하고, 해방된 새로운 조국을 건설하는 데도 한몫을 하려는 마음이 간절했다. 이런 실정에서 일본 학교에서 공부하여 우리말을 모르는 아이들에게 국어와 역사는 물론 풍속과 전통, 관습 등을 가르쳐야 한다는 요구가 동포들 속에서 절실했다.

그 당시 우리가 높이 내건 슬로건은 "지식 있는 사람은 지식을, 힘 있는 사람은 힘을, 돈 있는 사람은 돈을!"이었다. 학교 건물이나 교사도 자금도 없이 온갖 고난을 극복하면서 동포들은 힘을 합쳤다. 마치 활화산의 분출과 같은 기세로 '국어 강습소'나 야간학교 등 다양한 명칭을 붙인 배움의 마당을 동포들이 살고 있는 곳에 만들어 갔다.

강사는 중학교 이상을 마친 사람들이 맡았고 일본 군대가 쓰던 막사, 창고, 빈집, 폐교는 물론이고 개인의 집까지 가리지 않고 가능한 곳은 다 이용했다.

조련 결성과 민족교육의 발전

앞에서 말했듯이 각계각층의 동포들이 폭넓게 참가하여 동포들의 생활과 권리를 지키는 '재일본조선인연맹'(조련)이 결성된 것은 1945년 10월 15일이었다. 조련이 결성된 뒤 민족교육은 조직적으로 한층 더 발전했다.

독자적인 교과서도 편찬되고 도쿄와 오사카에는 사범학교가 설립되어 교원을 길러 내는 일에도 착수했다. 1946년 10월에는 도쿄조선중급학교가 문을 열고 중등교육이 실시되기에 이르렀다. 이렇게 하여 해방 직후부터 1948년 4월까지 짧은 기간에 초등학교 566곳, 중급학교 7곳, 청년학교 33곳이 설립되었다. 그리하여 모두 606개 학교에서 약 6만 명이 민족교육을 받게 되었다.

이런 민족교육의 큰 흐름 속에서, 나는 해방 직후 교토 시내에 작은 이층집을 빌려 청년학교를 열고 교토 시내에 살고 있는 조선 청년들을 가르쳤다. 청년학교라고는 해도 나이 제한은 없었다. 서른이 넘은 사람들까지도 우리말과 역사를 배우고 싶다고 들어왔다. 교실이 좁아서 수강생 20명 정도로 시작했는데, 국어나 역사 수업을 받으러 온 학생들이 한마디라도 놓칠세라 눈과 귀를 집중시키는 진지한 태도는 참으로 감동적이었다.

교과서나 교재가 없는 상황에서 우리도 수업을 준비하고 프린트물을 마련하느라 정신이 없었지만 조금도 피로를 느끼지 않았다. 선생도 학생도 이제 기나긴 고통에서 해방된 조국을 훌륭하게 건설하는 데 힘을 합쳐 앞으로 나아가자는 열기가 끓어올랐다.

지금도 교토의 재일본조선민주여성동맹의 고문을 맡아 오랫동안 상임 활동가로 있는 어떤 분은, 당시 열네 살밖에 안 되는 귀여운 단발머리 소녀였다. 해방된 이래 줄곧 동포 여성들을 위해 일을 하고 있는 그녀는 지금도 나를 만나면 '선생님' 하고 부르는데, 이때 청년학교에서 공부한 것이 처음으로 조선 사람으로서 자각하게 된 계기가 되었다고 한다.

GHQ의 학교 폐쇄령과 박해

그러나 이렇게 해서 시작된 재일조선인의 민족교육은 60여 년 동안 온갖 탄압을 받아야 했다. 가장 강력한 탄압은 1948년 4월에 감행된 GHQ(연합군 총사령부)의 조선인 학교 폐교령이었다.

맥아더가 얼마다 잘난 인간인지는 모르지만, 동포들이 온갖 고난을 견뎌 내며 하나하나 쌓아 올린 민족교육을 단 한 장의 지령으로 폐쇄하겠다는 것을 우리는 결코 허용할 수 없었다. '4·24 교육투쟁'에서도 볼 수 있는 바와 같이 우리는 피를 흘리며 민족교육을 지켰다.

조선전쟁을 앞두고 조선민주주의인민공화국을 지지하는 조선인연맹을 강제해산한 데 이어 1949년 10월 19일 GHQ는 또다시 조선인 학교 폐쇄령을 내렸다.

1952년 강화조약이 맺어진 이후에는 일본 정부의 민족교육 탄압이 거세졌다. 우리는 1960년부터 1972년까지 여러 차례 국회에 상정된 '외국인학교법'에 반대하여 10년이 넘도록 장기 투쟁을 이어 가지 않으면 안 되었다.

'외국인학교법'은 조선인 학교에 대한 모든 권한을 일본 문부대신이 장악하고 학교의 폐쇄, 교원의 임면, 커리큘럼까지 좌우하면서 조선인 학교의 일본화를 꾀하는 것이다. 더욱이 조선인 학교에 대한 방화, 파괴, 협박 전화, 조선인 학생 폭행, 여학생의 치마저고리를 찢는 일 등 갖가지 사건이 끊임없이 일어났다.

공화국의 교육비 지원

절대 권력을 가지고 일본을 지배하고 힘으로 조선인 학교를 뿌리째 뽑아 버리려고 한 맥아더는, 조선전쟁의 패색이 짙어지는 가운데 트루먼 대통령과 불화한 끝에 해임되어 "노병은 사라질 뿐이다"라는 막말 한마디를 내뱉고 사라졌다. 하지만 우리의 민족교육에 대한 열정은 결코 식지 않았다.

조일 관계에는 여러 가지 복잡한 문제가 있었지만, 조선민주주의인민공화국은 조선전쟁 후의 곤란한 상황에서 1957년부터 오늘날까지 그 어떤 상황에서도 해마다 한 차례도 빠짐없이 158차례에 걸쳐 모두 469억2천505만 엔(2012년 현재)이라는 막대한 교육 원조비와 장학금을 보내 주고 있다.

조국의 크나큰 사랑 속에서 오늘날 재일조선인의 민족교육은 유치원에서 초·중·고급학교, 대학에 이르기까지 일관된 체계를 마련하여 조국의 통일과 조일 친선에 이바지하는 수많은 인재를 양성하고 있다. 이런 바탕은 해방 직후부터 온갖 고난을 무릅쓰고 민족교육을 지켜 온 동포들의 뜨거운 열정으로 이루어진 것이다. 또 조선대학교 인가 문제를 비롯하여 우리의 민족교육을 이해하고 지지하며 함께 힘써 준 수많은 선량한 일본인들의 협력도 깃들어 있다.

9장

리승기 박사와 류종묵 스님

1. 합성섬유 비날론

리승기 박사는 합성섬유 비날론을 발명한 세계적인 과학자이다. 박사는 일본 제국주의 시대에 차별과 억압에 시달리며 헌병대에 검거, 구금되어 수난을 당했다. 그리고 해방된 뒤에는 남조선에서 새로운 조선의 과학 건설을 위해 미국의 식민지 정책에 반대하여 투쟁했다.

특히 박사는 조선전쟁이 한창일 때 스스로 북녘땅으로 넘어가서 비날론의 공업화를 완성하는 위업을 달성했다. 전쟁이라는 최악의 역경에도 굴하지 않고 과학자의 깨끗한 양심을 지키며 언제나 민족과 운명을 함께했다. 마침내 과학적 지식과 재능을 모두 조국과 인민에게 바치고 조선의 과학 역사에 빛나는 업적을 남긴 박사의 생애에서 우리는 많은 것을 배우게 된다.

석회석과 무연탄을 원료로

사람들이 살아가는 데 의식주는 어느 것 하나 없어서는 안 될 가장 중요한 필요조건이다. 그 가운데 오랫동안 인간은 입는 문제를 해결하기 위해 면, 마, 생사 같은 천연 원료에 의존해 왔다.

하지만 20세기에 들어와 고분자화학의 눈부신 발전에 따라 '의복' 분야에서 획기적인 과학적 성과를 이루어 냈다. 리승기 박사가 합성섬유 비날론을 발명했는가 하면, 미국에서는 가장 큰 화학 콘체른인 듀폰이 나일론을 개발하여 공업적으로 합성섬유를 대량생산할 수 있게 되었다. 비날론을 발명한 리승기 박사는 20세기에 획기적인 합성섬유 시대를 여는 데 절대적인 공헌을 한 것이다.

리승기 박사가 비날론을 발명한 것은 아직 일제 식민지였던 1939년이다. 석회석과 무연탄을 주원료로 한 비날론은 폴리비닐알코올계 합성섬유인데, 폴리비닐알코올을 온수에 용해하여 실을 뽑아 섬유를 만든 뒤에 폼알데하이드로 처리하여 물에 녹지 않는 것이 바로 비날론이다.

전쟁 중에 나는 당시 교토대학 공학부에 있던 염성근의 안내로 리승기 선생의 연구실이 있던 다카쓰키(高槻) 시의 비날론 중간 시험 공장을 찾아간 적이 있다. 리승기 박사의 지도 아래 비날론 관련 연구를 하고 있던 염성근은 경제학부에 있던 나에게 비날론의 원료가 석회석이라는 것을 열심히 설명했는데, "단단한 돌에서 어떻게 저리도 부드러운 옷감이 나올 수 있을까" 하고 내가 믿

지 않자 실제 공정을 보여 주
며 설득하려고 했다.

연구실의 리승기 박사

그 정도로 과학 지식이 얕았
던 나는 중간시험 공장에서 걸
쭉한 비날론 원료가 몇 백 분
의 1밀리미터밖에 되지 않는
가느다란 구멍을 통해 거미줄
같은 섬유가 되어 뽑혀 나오는
광경이 눈앞에서 펼쳐지는 걸
보고 경탄했다.

합성1호라는 명칭을 가진 비날론은 석회석을 주원료로 하는
데, 열과 마찰, 산이나 알칼리에 강하고 흡습성도 높은 우수한 특
성을 가지고 있다. 그래서 목면을 대체하는 옷감으로는 물론이고
어망, 로프 등 광범위하게 이용할 수도 있다. 여성용 스타킹에도
사용되는, 비단처럼 광택을 내는 나일론도 합성섬유이지만, 그
원료가 석유에서 나오는 것으로 비날론과는 다르다.

'백의민족'이라고 일컫는 조선 사람은 예로부터 옷감으로 목면
을 즐겨 사용했다. 면화의 생산이 적고 석유 자원이 없는 우리나
라에서 어디에나 있는 석회석을 원료로 하는 비날론으로 옷감 문
제를 해결한 것은 우리 민족의 생활에 절대적인 공헌을 한 것이
지만, 세계적으로도 가장 훌륭한 과학적 업적이었다.

비날론을 발명하기까지 리승기 박사의 생애는 파란곡절로 점

철되었다. 박사는 일본 제국주의가 1905년 '을사5조약'을 강요하여 망국의 비운에 떨어진 민족 수난의 시기에 태어나, 조선왕조 말기 일본 제국주의에 의한 식민지 지배 시대, 그리고 미군 점령 아래의 남한에서 암울한 시대의 중압을 견디며 연구 생활을 이어가지 않으면 안 되었다. 박사는 염원인 비날론의 공업화를 공화국에서 실현하기까지 실로 기나긴 고난의 나날을 보냈다.

1930년대는 조선 인민에게 잊을 수 없는 큰 사건이 일어난 시기이다. 1936년 5월 5일 우리나라에서 처음으로 결성된 반일 민족통일전선인 조국광복회를 창건한 김일성 장군은 이듬해 6월 조선인민혁명군을 이끌고 조국으로 진출하여 국경 지대의 요충지인 보천보를 공격하여 일본 제국주의에 큰 타격을 입히고 전 조선 민중에게 조국 광복을 호소하는 포고문을 발표했다.

김일성 장군의 조국 진군과 보천보 전투의 승리는 일본 제국주의의 식민지 통치 아래에서 신음하고 있던 우리 민족에게 조국 광복을 향한 희망과 용기가 되었다. 리승기 박사도 보천보에서 거둔 승리 소식을 들었을 때의 큰 충격과 감격을 자서전《한 조선 과학자의 수기》에서 "공산주의에 관한 나의 지식은 전무했다. 하지만 그것이 조국을 해방시키기 위한 무장투쟁이라는 사실에 깊은 존경과 큰 공감을 가지게 되었을 뿐 아니라 무한한 기대를 걸게 되었다"고 썼다.

그러고 13년 뒤 조선전쟁의 와중에 박사는 김일성 장군의 초청을 받아 전쟁의 위험을 무릅쓰고 북조선으로 가서 비날론의 공업화에 헌신했다. 이 무렵 박사는 김일성 장군에 대한 절대적인 존경과 신뢰를 가슴 깊이 새겨 나가고 있었다.

손기정의 금메달과 쌍벽을 이루는 쾌거

조국광복회가 창건된 그해 1936년, 베를린에서는 올림픽 대회가 열리고 있었는데, 이 대회 마라톤 경기에서 조선의 손기정 선수가 세계신기록을 수립하며 금메달을 목에 걸었고 3위도 조선의 남승룡 선수가 차지했다. 조선의 두 선수가 이룩한 쾌거는 모든 동포의 가슴에 엄청난 흥분과 감동을 자아냈다.

1930년대 과학 분야에서 리승기 박사가 일군 획기적인 업적과 스포츠에서 손기정 선수가 이룩한 장한 일은 식민지 지배 아래에서도 결코 굴하지 않은 민족의 기개와 훌륭한 에너지를 발휘한 것으로 조선 사람으로서 민족적 자부심을 더더욱 높여 주었다.

하지만 망국의 비운 아래에서 리승기 박사는 대학을 졸업한 뒤에도 취직자리를 쉽게 찾지 못했다. 또한 대학에 근무하게 되고 나서도, 훌륭한 연구 성과를 냈음에도 같은 시기 대학을 졸업한 일본인 동료들이 조교수가 될 때 박사는 한낱 강사에 머물러 있을 수밖에 없었다.

게다가 박사가 매진한 연구 성과인 비날론 발명은 일본 과학의 업적으로, 또 손기정 선수의 세계신기록은 일본 체육계의 성과가 되었다. 이뿐이 아니다. 올림픽 금메달 시상식 장면을 찍은 사진에서 손기정 선수의 가슴에 '히노마루'(日の丸, 일장기)를 삭제했

다고 해서 《동아일보》와 《조선중앙일보》는 무기한 정간 처분을 받고 편집 책임자가 검거, 투옥된 사건까지 일어났다.

민족의 영예를 빛냈음에도 불구하고 축하는커녕 엄한 형벌을 받을 수밖에 없었던 현실에서 당시 소년이었던 나는 조국을 빼앗긴 비애와 원통한 마음을 억누를 수 없었다.

서울대학교 공과대학 학장을 사퇴하다

길고 괴로운 식민지 시대가 끝나고 해방을 맞이한 박사가 교토대학에 재직하고 있던 다른 동포 선생들과 함께 귀국 길에 오른 것은 1945년이 저물어 가던 때였다.

하지만 해방된 새 조국에서 과학 건설에 온 힘을 다 바치겠다는 크나큰 포부를 안고 귀국한 선생들이 직면한 것은 무참히 파괴된 교실과 황폐한 교정이었다.

해방 전 일본 제국주의는 조선에 대학이라고는 경성제국대학 하나밖에 설립하지 않았다. 이 대학은 최고 학부였고 새로운 조선에서 과학 연구의 가장 중요한 거점이 되어야 할 곳이었다. 그런데 미국 점령군은 하나밖에 없는 이 대학을 접수하여, 공과대학(해방 전에는 이공학부)을 미군의 막사로 쓰고 있었다.

대학의 유리 실험 기구는 산산조각이 난 채 흩어져 있고 실험 장비도 깨져 나뒹굴고 있었다. 대학의 운영은 대학 총장과는 도무지 거리가 멀었고 지적 수준이 낮은 미군 장교에 의해 좌우되고 있었다. 이런 상황에서 리승기 박사는 하는 수 없이 대학 본부

일부를 빌려 강의를 시작할 수밖에 없었다.

대학 교육을 이처럼 파괴하고 있는 미 군정청은 1948년 5월 23일, 군정령 102호에 따라 '국립대학교실시령'(국대안) 시행을 지시했다. 이 지령은 미군 장교를 총장으로 하여 고등교육 기관을 하나의 국립대학 아래 통합하려고 한 안이었다. 즉 대학의 수를 줄이고 학생 수도 격감하는 것을 의미하는 것이다. 이렇게 되면 미국인이 총장이 되어 대학을 좌지우지하고 식민지적 교육을 실시하는 꼴이 된다.

이런 조치에 대하여 서울대학교의 아홉 개 단과대학은 일제히 '국대안' 반대투쟁에 나섰다. 1947년에 들어서면서 투쟁은 연세대, 동국대, 한양대 등 각 대학과 지방의 대학으로까지 확대되어 갔다.

당시 공과대학 학장에 취임해 있던 리승기 박사는 '국대안'에 결연히 반대하여 학생들과 함께 투쟁했다. 그 뒤 조선 사람을 멸시하는 미 군정청의 교육과 과학 정책에 항의하여 사직서를 제출하고 고향으로 돌아갔다. 이 무렵 박사를 존경하던 공과대학 학생들은 식량난이 심한 시기여서 배낭에 쌀을 담아 메고 박사의 고향인 담양까지 찾아가 근처에서 하숙하면서 화학 강의를 들었다고 한다.

2. 전쟁 속에서 삼팔선을 넘다

공화국을 요람기에 말살하려고 전쟁을 도발한 미국은 '2주 만에 전쟁을 끝내겠다'고 호언장담했지만 조선인민군의 강력한 반격을 맞아 처음부터 패주를 거듭했다. 인민군이 서울을 해방시킬 때 김일성 주석은 간부를 보내, 리승기 박사에게 공화국에서 비날론 연구를 계속하는 게 어떻겠냐고 뜻을 전했다.

전쟁 발발을 앞두고 서울에 있던 박사에게 때마침 공화국의 함흥 화학공장에서 비날론의 공업화와 밀접한 관련이 있는 카바이드 생산이 성공했다는 반가운 소식이 전해졌다. 박사와 같은 연구실에 있던 여경구 박사는 가족과 함께 이미 공화국으로 옮겨간 뒤였다.

오래전부터 존경해 온 김일성 주석의 초청에 리승기 박사는 곧바로 응했다. 주석은 박사의 신변을 걱정하여 자동차로는 오히려 공습의 위험이 있다고 하여 소달구지를 보내 주었다. 박사는 이 소달구지를 타고 전화를 헤치며 산을 넘고 강을 건너 주석한테로 바삐 갔다.

과학자로서 박사의 높은 권위를 잘 보여 주는 유명한 에피소드가 하나 있다. 옛 동독 시절에 베를린에서 고분자화학 국제학회가 열렸는데, 공화국 대표로 참가한 박사와 토론을 하던 유럽의 한 과학자가 "전쟁 전 일본에서 비날론을 발명한 리 쇼키라는 교수가 있는데, 그분이 고분자화학 분야에서 세계적 권위자이다.

그의 논문은 가치가 아주 높다"고 말했다.

일본 식민지 시대 교토제국대학에서 리승기 박사가 쓴 논문은 모두 '리 쇼키'라는 일본식 이름으로 발표될 수밖에 없었다. 조선식으로는 '리승기'라고 불린 박사의 이름이 일본어로 '리 쇼키'가 되는 것을 모르고 있던 유럽의 과학자는 다름 아닌 리승기 박사 본인 앞에서 줄곧 박사의 업적을 평가한 것이다.

세계적인 권위자인 박사는 어떤 길을 택하더라도 그 명성에 걸맞는 대우를 받을 수 있었을 것이다. 사실 그 시기 남조선의 과학자 가운데에는 생활이나 연구 조건이 좋은 미국 같은 나라를 선택해서 조국을 떠난 사람들도 많다. 하지만 리승기 박사는 민족의 독립을 지키고 미국 제국주의의 침략에 맞서 결연히 싸우고 있는 공화국에 자신의 운명을 맡겼던 것이다.

비날론 공업화

김일성 주석은 박사를 위해 압록강변의 청수에 중간시험 공장을 세우고 전시라는 몹시 곤란한 상황에서도 박사의 연구에 필요한 설비나 기계, 시약 등을 멀리 외국에서까지 구하여 전부 우선적으로 마련해 주었다. 그곳에서도 날마다 격심한 폭격을 받으며 온갖 난관을 극복한 끝에 드디어 박사는 주석이 기대하던 비날론 생산의 공업화에 성공했다.

과학에는 국경이 없지만 과학자에게는 조국이 있다고 한다. 잘 알다시피 퀴리 부부가 피치블랜드 속에서 우란과 공존하는 새로운 물질을 발견했을 때, 두 사람은 부인의 조국인 폴란드 이름을 붙여 이 새로운 물질을 '폴로늄'이라고 명명했다. 당시 폴란드는 제정 러시아의 지배 아래에 있었다. 새로운 물질을 이렇게 이름 붙인 것은 퀴리 부인이 몸은 비록 프랑스에 있지만 수난의 길을 걷고 있는 조국을 결코 잊지 않고 조국을 사랑하는 마음을 깊이 간직하고 있음을 말해 주고 있다.

일본 제국주의 시대에《퀴리부인 전기》라든가 같은 폴란드 작가 센케비치가 로마제국의 학정 아래에서 심한 박해를 받은 초기 기독교 교도의 수난을 다룬《쿼바디스》같은 작품을 조선의 학생들이 읽는 것은 금지되어 있었다. 하지만 우리는 특고의 눈을 피해 금서를 숨어서 읽곤 했다. 마찬가지로 조국을 빼앗기고 고통받는 폴란드 민중에게 공감하였으며, 우리의 운명과 포개지면서 깊은 감동을 받았다.

리승기 박사는 탁월한 업적을 이룬 세계적인 과학자이다. 동시에 박사의 파란만장한 생애를 뒤돌아볼 때, 박사는 우리 민족이 처한 엄혹한 현실에서 등을 돌리거나 피하는 일이 결코 없었다. 박사는 언제나 민족과 운명을 함께하며 과학적 지식과 능력을 고스란히 다 바쳐 조국과 민족에 헌신한 애국자이다.

1961년 5월 6일, 연간 2만 톤의 생산 능력을 갖춘 함흥 비날론 공장이 완성되어 준공식이 거행되었다. 축하하는 꽃가루가 날리고 오색 고무풍선이 하늘을 수놓고 만세 소리가 울려 퍼지는 가운데 김일성 주석이 곁에 있던 리승기 박사를 돌아보며 "선생의

생애 숙원이 이루어졌군요" 하고 말했다고 한다. 박사는 이 이야
기를 자서전에 감동적으로 쓰고 있다.

민족 수난의 시대에 태어난 박사의 연구는 일본 제국주의 시
대에도 미국 점령하 남조선에서도 결코 꽃피우지 못한 일이었다.
오직 김일성 주석의 깊은 배려 속에서 민족이 자랑하는 과학적
성과로 찬란한 빛을 발할 수 있었다.

리승기 박사와 남녘 과학자들

1994년 7월 김일성 주석이 서거했을 때 나는 조선총련 조위단
의 일원으로 미어지는 가슴을 안고 서둘러 평양으로 향했다. 깊
은 슬픔에 잠긴 조국은 산하도 숙연하여 소리가 없고 만수대 언
덕은 사람들의 통곡 소리로 가득했다.

7월 13일 오후, 주석의 동상에 헌화하는 수십만 시민과 뒤섞여
차례를 기다리고 있던 우리 바로 앞으로 휠체어에 탄 리승기 박
사가 지나가고 있었다. 엉겁결에 뛰어간 나는 슬픔에 잠겨 있는
백발의 선생과 손을 잡고 눈물을 흘렸다. 그날 해질 무렵 만수대
언덕에서 만난 것이 선생과는 마지막이 되고 말았다. 1996년 2월
8일, 박사는 향년 91세로 세상을 떠났다.

김정일 총서기는 생애를 민족과 조국에 바친 박사의 장의를 국
장으로 하여 고인을 애국열사릉에 안장했다.

박사가 세상을 떠나고 얼마 지나지 않은 어느 날, 한 일본인 노
교수가 우리 사무실을 찾아왔다. 그분은 구제 마쓰야마(松山)고등

리승기 박사와 함께(1974년 7월)

학교에서 박사와 함께 공부한 후배였는데, 일찍부터 친분이 있고 박사를 존경해 왔다고 말했다. 오랫동안 리승기 박사의 소식을 듣지 못한 채 궁금하던 차에 내가 《조선신보》에 쓴 추도문을 보고 자초지종을 알고 싶어 나를 만나러 온 것이다.

노교수는 자신의 장서를 공화국에 기증하고 싶다는 뜻을 표했다. 그리고 자신은 남조선의 과학자들과도 교류가 있는데, 서울대학교 시절에 리승기 박사의 지도를 받은 사람들이 적절한 시기에 공화국을 찾아 박사의 묘지를 참배하러 가고 싶어 하는 것 같다며, 그분들과 한번 만나 보면 어떻겠냐고 말했다.

뒷날 나는 일본의 학회에 참석하러 남조선에서 온 그분들을 만날 기회가 있었다. '국대안'에 반대하여 고향으로 내려간 선생을 흠모하여 담양까지 가서 강의를 듣던 당시의 이야기를 비롯하여 이런저런 이야기를 나누던 가운데, 초면이었음에도 우리는 마치 십년지기라도 되는 양 마음을 터놓았다. 현재 남조선의 대학이나 과학계에서 중요한 역할을 하고 있는 이분들은 지금도 리승기 박사의 제자라는 사실을 무척 자랑스럽게 여기고 있다.

반세기를 훨씬 넘는 시간이 지나가고 있음에도, 또한 나라가 분단되어 저마다 북과 남으로 나뉘어 있음에도, 여전히 사람들에게 잊을 수 없는 깊은 영향을 끼치고 있는 박사의 고결한 인품과 깊은 학식에 내 마음은 깊은 감동을 받았다.

뒷날 내가 공화국에서 발행한 리승기 박사의 기념우표를 보내자 남조선의 과학자들은 대단히 기뻐해서 "과학자를 귀하게 여기는 북의 과학 정책은 참으로 훌륭합니다" 하고 감동적인 편지를 보내왔다.

리승기 박사 탄생 백주년 심포지엄

박사의 탄생 100주년이 되는 2005년 말 북과 남, 재일 과학자가 베이징에서 한자리에 모여 남북의 과학 교류를 촉진하기 위한 심포지엄을 열었다. '21세기 우리나라 공업 발전의 길'이라는 주제로 이 심포지엄에서는 앞으로 민족의 경제 발전에 중요한 연구 과제가 될 C1화학 연구의 문제가 보고되고 토론이 이어졌다. 나는 자연과학자는 아니지만 생전의 박사에 관하여 이야기를 해 달라는 요청을 받고 참가했다.

심포지엄에 모인 과학자들은 누구 할 것 없이 리승기 박사를 현대 조선 과학의 개척자로 높이 평가했다. 존경하는 선생을 이어 과학적 업적을 한층 더 쌓아 올리자고 강조하면서 북과 남의 과학기술 교류와 협력을 더욱 활발하게 하기 위한 여러 가지 구

염성근 박사

체적인 방안에 합의했다.

이승만, 박정희 군사독재 정권 이래, 평화통일을 염원한 수많은 애국적 인사들이 "북과 접촉했다"는 죄 아닌 죄로 사형이나 중형에 처해진 것을 알고 있는 나는, 북과 남의 과학자들이 화기애애하게 자리를 함께하여 민족의 장래와 과학의 발전에 관하여 대화를 나누는 장면을 바라보면서 시대의 변화를 실감하고 뜨거워지는 마음을 주체할 수 없었다. 나는 2000년 6월의 역사적인 '6·15 공동선언'의 밑바닥에 흐르는 '우리민족끼리'의 정신이 오늘날 어떤 힘으로도 막을 수 없는 시대의 흐름이 되어 맥박치고 있음을 확인할 수 있었다.

일본이라는 복잡한 사회에서 일상적으로 차별과 박해를 받고, 조국의 통일이 실현되지 않는 상황에서 힘든 생활을 이어 가고 있는 우리 재일조선인에게, 조선 사람으로서 긍지를 갖고 어떻게 살아야 하는가, 진실로 가치 있는 인생이란 무엇인가 하는 것은 한 사람 한 사람 되물어 봐야 하는 절실한 현실의 문제이다. 나는 어려운 시대를 산 조선의 탁월한 과학자 리승기 박사의 생애를 통하여 '가치 있는 삶'이란 무엇인가를 배웠다는 생각이 든다.

3. 나의 벗 염성근 박사

여기서 외우 염성근 박사에 관하여 좀 이야기하고자 한다. 염성근 박사는 나와 동기로 교토제국대학에 입학하여 공학부에서 리승기 선생의 지도를 받으며 비날론 섬유를 연구했다.

리승기 박사에 이어 그는 오사카 헌병대에 나와 함께 구금되었다가 같은 날 석방되었다. 나와 나이도 동갑이고 농가가 여기저기 있던 기타시라카와에 담 하나를 사이에 두고 하숙 생활을 했고 같은 식당에서 늘 함께 밥을 먹었다. 그는 구마모토의 제5고등학교(구제) 이과계 출신이었는데, 학부는 달라도 어려운 전시하에서 우리는 함께 어울리며 친형제처럼 지냈다.

총련 결성 후 잠시 조선대학교에서 교편을 잡은 그는 1961년에 귀국하여 과학원 고분자화학연구소에서 공화국 교수, 공훈과학자로서 연구 생활을 이어 갔지만 20년쯤 전에 세상을 떠났다. 하지만 그는 언제까지나 잊을 수 없는 나의 존경하는 친구이다.

그는 공학부 건물의 지하에 있던 실험실에 한번 들어가면 시간 가는 것도 잊어버리고 식사 시간을 놓칠 때도 있었다. 전시 중에는 이렇게 되면 밥을 먹지 못한다. 연구 태도가 유난히 엄격한 사람이었지만, 대단히 소박한 인품을 가지고 있었다. 그는 몸이 빼빼했지만 바리톤 조로 '봉선화'를 잘 불렀다. 실험실을 찾아가면 플라스크에 레몬에이드처럼 단맛이 나는 괴상한 액체를 만들어 "독이 들어 있어" 하고 놀라게 하면서 빨리 마시라고 장난을 친

적도 있다. 소년의 깨끗한 마음을 여전히 간직한 채 그대로 어른
이 된 것 같은 그가 나는 좋았다.

조국에 돌아간 뒤로 모빌론이라는 양털 같은 새 합성섬유 개발
에서 큰 공헌을 했다는 얘기를 전해 들었는데, 문외한인 나에게
과학자로 이룬 그의 업적이나 성과에 관해서는 말할 수가 없다.
하지만 명예와 전혀 인연이 없이 연구에 몰두하여 자신이 가지고
있는 모든 과학 지식과 재능을 조국과 민족에 바치려고 남모르게
헌신한 그의 열정과 정신을 젊은이들에게 전하고 싶을 뿐이다.

염성근 박사의 인품을 말해 주는 에피소드가 하나 있다. 그의
큰형은 남조선에서 꽤 큰 영화사 사장이었다. 그가 폐병으로 수
술을 한 사실을 알고는 생활도 돌보고 결혼 상대도 찾아 줄 터이
니 하루빨리 서울의 집으로 돌아오라고 몇 차례나 편지를 보내왔
다. 하지만 그는 힘든 상황에서도 교토에 있는 만수사의 주지 류
종묵 스님에게 가족 같은 도움을 받으면서 병약한 몸에도 불구하
고 연구를 계속하여 비날론 공업화의 실현에 공헌했다.

그도 서울로 돌아가면 큰형 아래에서 편안한 생활을 할 수 있
다는 걸 모를 리 없었다. 하지만 그는 조선의 옷감 문제를 해결하
는 비날론 공업화를 성공시키기 위하여 연구에 몰두했던 것이다.
그는 확고한 결심을 하고 서울로 돌아가지 않았던 것이다. 나는
곁에 있으면서 그의 결심이 조금도 흔들리지 않는 것을 보았다.

나는 염성근 박사의 생애에서, 곤란 속에서도 굴할 줄 모르며
그 누가 평가를 하든 말든 묵묵히 자기의 신념을 관철시켜 성실

한 인생을 마친 뛰어난 조선의 과학자의 모습을 보았다.

사람이 살아가는 방식이나 가치는 힘든 여건 속에서 시험받는다고 한다. 생활고나 병고와 싸우며 힘든 상황을 이겨 내면서 그역시 온몸으로 진짜 가치 있는 인생이란 무엇인지를 나에게 일깨워 주었다. 염성근은 이제 우리 곁에 없지만 이런 친구를 만난 것은 내 인생에서 큰 행복이었다고 생각한다.

4. 류종묵 스님과 만수사, 국평사

동포들의 사랑방

내가 처음으로 류종묵 스님을 만나게 된 것은 해방 직후 교토의 만수사에서였다. 전시 중에는 조선 사람들이 모인 것 자체가 금지되어 집회 같은 것을 할 수 없었다. 조선 사람들은 일본이 패전한뒤에야 겨우 자유로이 모임을 가질 수 있게 되었다. 이때 집회 장소가 되고 학습이나 회의를 한 곳이 바로 만수사였다. 말하자면 교토에 사는 조선 사람들의 사랑방 또는 공회당 같은 곳이었다.

청년학교나 유학생동맹을 조직하기 위하여 뛰어다니고 있던우리는 그곳에서 자는 경우가 많았다. 식량난으로 고생하던 그무렵 만수사에 가면 잠자리가 있었고 따뜻한 쌀밥이나 김치도 먹을 수 있었기에 큰 도움이 되었다.

스님은 평소 "조선이 망한 것은 배워야 할 것을 배우지 않았기 때문이다"라고 말했는데, 민족의 장래를 짊어진 청년이나 학생을 유달리 사랑하고 귀하게 여겨 주었다. 집을 멀리 떠나온 우리들은 스님을 친아버지처럼 존경하며 친밀한 감정을 담아 '만수사 스님'이라고 불렀다.

종교를 믿지 않는 집안에서 자란 나는 불교에 관해서는 거의 지식이 없었다. 처음에 만수사를 방문했을 때, 본당에 참배하고 스님께 인사하니 "본당의 부처는 나무를 깎아 만든 것이다. 이제부터는 살아 있는 나에게 먼저 인사를 하고 나서 본당으로 가게" 하고 말하는 게 아닌가. 불교는 우상숭배일 뿐이라고 생각하고 있던 나는 어안이 벙벙하여 한동안 그냥 서 있었다.

만수사에는 많은 사람들이 드나들었다. 오는 사람을 거부하지 않고 가는 사람은 뒤쫓지 않았으며, 좌선을 따라 해도 좋고 안 해도 상관없었다. 여기서는 어떤 것에도 구애받지 않았다. 절에서 자는 사람은 믿는 종교를 따로 묻지 않고 직업이나 사회적 지위도 묻지 않았다. 하지만 한 가지, 누구라도 반드시 새벽 다섯 시에 일어나 변소와 복도에서 뜰까지 깨끗하게 청소를 하지 않으면 안되었다.

아침은 7시에 먹었는데, 불경이 아니라 스님이 지은 글을 식전에 소리 내어 읽었다. 이 음식을 먹는 것은 신체에 영양을 공급하여 열심히 선행을 쌓기 위한 것이라고 밥을 먹는 목적을 분명히 했다. 그때는 벌써 38도선이 그어져 국토가 분단되고 민족의 분열이 시작되고 있었는데, 조선 동포가 힘을 합쳐 하루빨리 조국

류종묵 스님과 교토대학의 조선인 유학생들(1946년 9월)

통일을 이룩해야 한다고 기원하는 것이었다.

북간도와 시베리아 유랑

스님은 조선왕조 말기인 1893년에 충청남도 천안에서 태어났다. 충청도는 양반이 많고 갑신정변으로 조선의 근대화를 도모하려다 비극적인 최후를 맞은 김옥균을 비롯하여 유명한 문인이나 중앙정부의 고관을 많이 배출한 지방이다. 스님의 집안도 양반 가문이었다.

스님은 열일곱 나이에 '한일합병'이라는 망국의 비운을 직접 마주하고 스물여섯에 일본 제국주의의 폭압에 맞서 전 민족이 궐기한 3·1운동에 참가했다. 1926년 이후 스님은 만주의 북간도와 시베리아 연해주 땅을 홀로 유랑하였다.

본디 조선시대부터 간도 지방과 당시 우리가 해삼위(海蔘威)라고 일컫던 블라디보스토크에는 조선 사람이 많이 살고 있었다. 이들 지역은 '한일합병' 후에는 독립운동의 거점이 되었던 곳으로, 독립 회복의 뜻을 품은 사람이나 일본 제국주의에 탄압받고 고향을 떠난 사람들이 많이 모여 있었다. 우리도 소학교에 다닐 무렵 '북간도'에서 왔다는 사람들에 대해서는 특별히 존경하는 눈으로 보았다.

류종묵 스님은 1929년에 조국으로 돌아와 불문에 들어가 태백산맥 심산유곡에 있는 오대산의 사찰에서 수행에 정진했다. 스님이 일본으로 건너온 것은 1935년인데, 도후쿠지(東福寺)에 몸을 의탁하고 교토임제학원(京都臨濟學院)에서 불교철학을 공부하였으며, 1940년부터 만수사 주지로 있었다. 만수사는 본디 '교토 5산'의 하나로 격식이 높은 사찰이었는데, 스님이 왔을 때는 잡초가 무성한 황량한 절이었다고 한다.

나는 언젠가 스님이 구두를 아주 능숙하게 수선하는 걸 본 적이 있다. 양반 출신인 스님이 신발 수선하는 걸 배웠을 리는 만무하고 필시 망국의 비원을 가슴 깊이 묻고 만주와 시베리아 벌판을 유랑하면서 몸에 익힌 것이 아니었을까.

영친왕과 이방자 씨

해방되고 얼마 지나지 않은 어느 날, 스님한테서 "내일 아침,

영친왕이 절에 온다고 하니 자네도 오게" 하는 얘기를 들었다. 영
친왕이라면 이토 히로부미에 의해 강제로 물러난 고종의 아들인
이조 최후의 황제 순종의 황태자인 이은을 말한다. 그는 1907년
에 이토 히로부미를 따라 일본으로 건너가서 1920년에 황족인
나시모토(梨本宮) 가문의 마사코(方子)와 결혼했다.

우리들 조선 사람의 사고방식에는 일본 사람들처럼 만세일계
같은 관념이 없다. 해방 후에 '이왕조 부흥' 같은 것을 주장한 자
는 가장 보수적인 사람들 사이에서도 단 한 사람도 없었다. 나도
별달리 그를 고귀한 사람이라고는 생각하지 않았지만, 조선왕조
가 멸망할 때 최후의 황태자이고 '한일합병'이라는 비극의 산증
인이기도 했기에 호기심도 들어 만수사로 갔다.

이은 씨는 이방자 씨와 함께 와 있었다. 이은 씨는 키가 작고 살
이 찐 사람이었다. 이방자 씨는 쇼와 천황의 황후 후보에도 올랐
다고 하는 사람인데, 기품 있는 사람이라는 인상을 받았다.

두 사람은 스님과 우리말로 이야기를 나누고 있었다. 이은 씨
는 조선 사람이기에 우리말을 쓰는 것이 당연하겠지만, 이방자
씨가 스님과 정확한 표준말로 대화하고 있는 것은 의외였다.

일본 제국주의의 패배라는 근본적인 변혁기에 즈음하여 이은
씨 부부는 앞으로 어떻게 처신해야 할지를 상담하기 위해 만수사
에 온 듯했다. 그런데 스님은 "당신은 열한 살에 인질로 이토 히
로부미에게 끌려갔기 때문에 조선이 멸망하는 데 직접적인 책임
은 없소. 하지만 우리 민족이 수난의 길을 걷고 있을 때 당신은 왕

족 대우를 받아 육군 대장도 되고 참담한 민족의 고통을 아랑곳하지 않고 일본 제국주의의 비호를 받으면서 편안하게 살아가고 있지요. 이 점을 당신은 스스로 깊이 반성하지 않으면 안 됩니다" 하며 담담하게 말했다.

스님은 또 이렇게 덧붙였다. "민족 앞에 사죄하는 마음이 있다면, 당신은 조선으로 돌아가 똥거름도 지고 백성으로서 농사를 짓고 방자 씨는 보육원이나 유치원의 보모가 되어 열심히 조선의 아이들을 돌본다면 민족은 당신들을 용서할 것이오." 스님은 온화하게 이야기를 하고 있었지만, 그 말에는 추상같은 엄중함이 있었다.

나는 다른 두세 사람과 자리를 함께하고 있었는데 이은 씨 부부는 아무 말 하지 않고 묵묵히 듣고만 있었다. '한일합병'에 따라 조선이 망국의 운명으로 전락해 가던 시대의 현장에 있었고 역사의 소용돌이 속에 휘말려 들어간 비극의 왕족과 영락한 양반으로 지금은 선승이 되어 있는 두 조선 사람, 그리고 기구한 운명을 짊어진 전 황족인 일본 여성을 눈앞에서 보면서 나는 생생한 조선의 현대사를 느꼈다. 그 뒤 이은 씨 부부는 1963년 서울로 가 이은 씨는 일찍 사망했지만, 방자 씨는 서울에서 1989년에 세상을 뜰 때까지 장애아동 교육 사업을 했다. 묘지도 서울 근교에 있다고 한다.

조국 땅을 염원하는 국평사의 유골

전시 중에 강제징용되어 탄광이나 댐 공사 같은 위험한 일로 목숨을 잃은 수많은 조선인의 유골은 전후에도 누구에게도 알려지지 않고 신원 불명 사망자로 먼지를 덮어쓴 채 일본 각지에 방치되어 있었다. 이런 사태는 일본 정부가 해결에 착수하지 않고 있기 때문에 지금도 계속되고 있다. 가족 곁으로 돌려보낼 수도 없고 한을 품고 머나먼 타향에서 죽은 이들, 즉 '돌보는 이도 없는 고독한 혼(無主孤魂)'의 유골을 공양하기 위하여 스님은 대단한 노력을 쏟아부었다.

일본이 패전한 직후 1945년 8월, 홋카이도와 아오모리 지역으로 강제징용된 3천700여 명을 싣고 조선으로 향한 해군 운송선 '우키시마마루'(浮島丸)가 마이즈루 만에서 기뢰에 부딪혀(내부 폭파설도 있다) 순식간에 침몰한 대참사가 일어났다. 스님은 이 불행한 동포들의 영령을 만수사에서 공양해 왔다. 도쿄를 비롯한 간토 지방에는 조국으로 돌아가지 못한 동포의 유골이나 연고자가 없는 사망자를 공양할 조선 절이 없었다. 이를 안타까워한 스님은 고령에도 불구하고 곳곳을 찾아다니며 몇 년 동안이나 많은 고생을 했다. 드디어 1965년에 조선대학교가 있는 고다이라 시에 국평사를 개창했다. 국평(國平)이란 조국의 평화적 통일을 기원한다는 뜻이다. 지금 이곳에는 세상을 떠난 수많은 동포나 연고자가 없는 망자와 함께 많은 내 친구들의 유골도 안치되어 있다.

스님은 한반도 통일과 세계평화를 옹호하는 운동에 기여한 공로를 인정받아 아시아불교도평화회의에서 평화상을 수상했다.

교토 기요미즈데라(淸水寺)의 오니시 료케이(大西良慶) 관주나 리츠메이칸대학의 스에카와 히로시(末川博) 총장, 세계평화평의회 히라노 요시타로(平野義太郎) 선생 같은 이들과 친교를 맺고 조일친선이나 평화운동에도 힘을 기울였다. 잘 알려져 있다시피 스에카와 히로시 선생은 1933년 교토대학 '다키가와 사건'(滝川事件) 당시 학문과 연구의 자유를 주장하여 문부성의 파시즘과 의연하게 투쟁하며 교토대학 교수를 사직한 분이다. 선생은 일본 민법학계의 중진으로서, 나도 전후에 대학에 복귀한 선생의 명강의를 들었고 가모가와 강변 가까이 있는 댁에 찾아가기도 했다. 선생은 스님과 절친한 관계로 평화 옹호 문제나 재일조선인 문제 등에 관하여 자주 절에서 만나 이야기를 나누고 있었다.

스님은 1979년에 공화국을 방문하고 유점사를 비롯한 금강산의 절들을 찾았다. 1983년 1월에는 구순을 맞아 일본 전역에 살고 있는 동포와 신자들한테서 축하를 받았다. 그런데 그해 12월 다시 고향의 산하를 밟지 못하고 90세로 세상을 떠나게 되었다. 스님은 망국의 비운과 민족 분열의 고통 속에서 한평생 민족과 나라를 사랑하는 길을 걸어왔다. 스님은 배우자도 자식도 없이 민족의 미래를 짊어지고 있는 우리들 젊은 세대에게 큰 기대를 걸고 마음속으로부터 사랑해 준 분이었다.

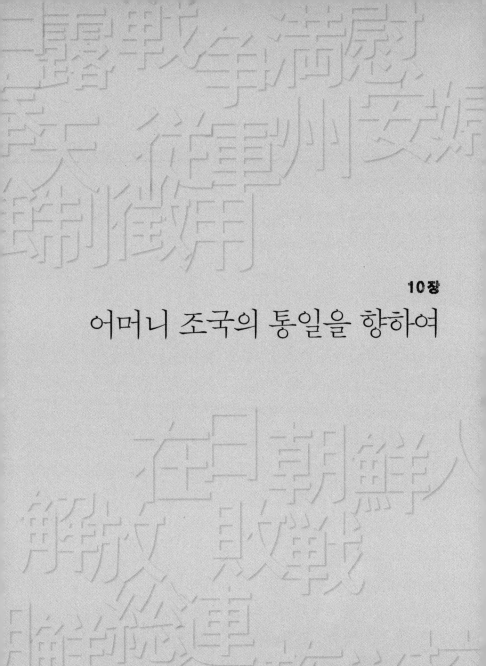

10장

어머니 조국의 통일을 향하여

1. 28년 만의 조국 방문

나는 조선총련 결성 뒤 13년 동안 조선대학교에서 교편을 잡았다. 그 무렵 잊을 수 없는 추억이 한두 가지가 아니다. 고다이라 시(小平市)의 새 교사로 이전, 우리말을 못 하는 일본 고등학교 출신 학생들을 도와 교직원과 학생이 힘을 합쳐 펼친 국어습득 운동, 학생들의 자발적인 노동을 통한 강당과 도서관, 기숙사 건설 운동, 교직원과 학생이 한 덩어리가 되어 싸워 끝내 승리한 대학교 인가 획득 투쟁 등은 민족교육의 역사에서 중요한 의의를 가지는 사건들이다. 이런 운동에 직접 참가해 온 사람으로서 그때를 떠올리면 새삼 감개무량하다.

이 가운데에서도 1973년 여름, 졸업을 앞둔 4학년 학생들을 이끌고 조국을 방문했던 일은 퍽 인상 깊다. 그때서야 나는 해방 뒤 28년 만에 처음으로 조국을 방문하게 되었다. 그리고 그제야 나는 해방 전후부터 오래도록 소식을 몰랐던 어머니나, 뿔뿔이 흩어져 있던 가족들을 다시 만날 수 있었다.

드디어 돌아왔구나!

그때는 원산까지 이틀 걸려 배를 타고 갔다. 니가타 항을 떠난 후에는 잠자리에 누워도 여러 가지 생각이 떠올라 좀처럼 잠을 이룰 수가 없었다. 배가 이른 새벽 원산 항에 다다르며 그리운 조국의 산들이 아스라이 보일 때 '아 드디어 돌아왔구나!' 하는 생각에 가슴이 벅차올랐다.

배에서 내린 날 원산의 아침은 더없이 깨끗했다. 식민지 시대에 조국을 떠난 나는 이제 식민지가 아닌 진짜 내 조국의 흙을 처음으로 밟았던 것이다. 원산은 천하의 절경 금강산 가는 길목에 있고 예부터 명사십리를 비롯한 명승지나 해수욕장으로 유명한 곳이다. 전쟁 때 미군이 패주하면서 항만 시설과 도로를 남김없이 폭파했다. 그러나 우리가 갔을 때는 거리가 완전히 복구되고 넓은 도로가 사방으로 이어져 다시 아름다움을 되찾고 있었다.

그때는 아직 평양-원산 간 고속도로가 개통되지 않아서 우리는 열차로 평양으로 향했다.

푸르른 도시로 되살아난 평양

나는 해방 전의 평양을 알고 있는데, 먼 옛날 고구려 때부터 도읍지였고 버드나무가 많아 예부터 유경(柳京)이라고도 일컬었다. 평양에는 소학교 동창들이 있어서 일본을 오갈 때 자주 들르곤

맑게 갠 평양 시가지와 대동강

했다. 시내 중심에 있는 모란봉에 오르면 발아래 대동강이 부드
러운 곡선을 그리며 유유히 흐르고 강 가운데에 가로놓인 능라도
가 내려다보인다. 산들산들 바람이 불면 강변에 축 늘어진 버들
이 일제히 흔들리고 마치 여성의 비단 치마가 나부끼는 듯 아름
답다 하여 섬 이름을 그렇게 부르게 되었다고 한다. 대동강변 산
책로는 시민들의 조용한 휴식처인데, 소설 같은 데 연인들이 사
랑을 속삭이는 장면으로 자주 등장하는 낭만적인 분위기가 있는
곳이다.

  평양은 해방 전에 인구가 15만 명가량으로 조선의 두 번째 도
시였는데, 그때는 작은 노면전차가 이리저리 도로를 달리고 있었
다. 내 기억에는 4층 넘는 건물은 없었던 것 같다. 그런데 이번에

평양을 다시 보니 녹음이 우거진 것은 예전과 다름없었지만 그 모습은 완전히 바뀌어 있었다. 높은 빌딩이 늘어서고 여기저기 광장이 있고 6차선, 8차선 도로가 종횡으로 달리고 있었다.

평양은 활기로 넘쳐흘렀다. 1970년 11월 2일에 열린 조선노동당 제5회 대회는 사회주의 건설의 새로운 전망을 제시한 6개년 계획을 발표했는데, 여기서 중요한 과제로 제기된 것은 중노동과 경노동의 차이, 농업 노동과 공업 노동의 차이를 크게 줄이고, 여성을 무거운 가사노동 부담에서 해방하는 3대 기술혁명을 널리 전개하는 것이다. 우리가 조국을 방문했을 때는 막 이 6개년 계획이 힘차게 추진되고 있던 시기였다.

조선전쟁 중에 1평방미터당 1톤의 폭탄을 퍼부어 평양 거리는 흔적도 없이 파괴되었다. 미국인은 "조선인은 백 년 동안은 다시 일어설 수 없을 것이다"라고 말했다. 하지만 그들은 조선 사람을 잘못 보았다. 우리는 일본에서 도시 전체가 잿더미가 되었다고 들었지만, 평양역에 도착해 보니 도시계획으로 정비된 시가지는 녹음이 우거지고 마치 공원처럼 깨끗했다.

미군의 맹렬한 폭격으로 심대한 피해를 입은 평양 거리에 큰 건물이 즐비하게 늘어선 모습을 보니 '여기까지 오다니 참 잘도 했구나!' 하고 놀라지 않을 수가 없었다. 동시에 힘겨운 시련을 이겨 낸 이곳 사람들의 노고를 생각하니 뭐라 말할 수 없는 심경이었다.

다시 만난 어머니와 가족들

나는 오랫동안 헤어져 있던 어머니와 가족을 평양에서 다시 만날 수가 있었다. 일본에 있던 나와 만주에 있던 가족은 태평양전쟁 말기부터 소식이 끊겼기 때문에 서로 생사조차 알 수 없었다. 어머니는 내가 징병으로 전쟁에 나갔거나 미군의 폭격으로 죽었을지도 모른다고 생각하고 거의 반은 체념하고 있었던 것 같다. 나는 나대로 당시 만주에서는 중국공산당의 8로군과 국민당 군이 격렬하게 싸우고 있었기 때문에 만주 오지에 있던 가족들은 도저히 무사할 리가 없다고 생각했다.

평양 역전은 학생들을 맞이하러 온 귀국자 가족이나 친척들로 북적북적했다. 안내원을 따라 인파를 헤치고 나가니 한구석에 흰 저고리를 입은 자그마한 어머니가 서 계셨다. 나는 별안간 꿈을 꾸고 있는 게 아닌가 하는 생각이 들었다. 꿈에도 그리던 어머니의 손을 잡았지만 금방 말이 나오지 않았다. 28년 전 3월 만주의 한적한 시골 마을 역에서 일본으로 떠나는 아들과 이별한 뒤로 첫 상봉이었다. 곁에 있던 아우와 누이들이 인사를 했다. 어머니는 곧 알아봤지만 아우와 누이들은 분간할 수 없어 잠깐 살펴보니 그제야 어릴 때 얼굴 생김새가 나타났다. 하염없이 흘러간 28년의 세월은 역시 대단한 것이라고 느끼지 않을 수 없었다.

조국에서는 조선대학교 학생들을 위해 귀국 학생들의 가족을 모두 조사하여 면회할 수 있게 해주었다. 나도 소식을 모른 채 일단 가족 명부만 제출해 두었지만 조국은 내 가족 주소까지 찾아

주어 뜻밖에도 28년 만에 다시 만날 수 있게 된 것이다.

어머니는 평양 시내 3LDK 아파트에서 누이동생 가족과 함께 살고 있었다. 아우는 평양에서 조금 떨어진 평성에서, 누이는 개성에서 가정을 이루고 있었다. 오랫동안 소식이 없던 내가 온다는 얘기를 듣고 어머니 계신 곳으로 모두 모였던 것이다.

전쟁과 우리 가족사

밤새도록 이야기를 나누면서, 우리 가족이 국공내전의 전화를 피해 만주의 오지에서 한 달 동안이나 걸어 1947년 가을에 가까스로 압록강에 다다른 것을 알게 되었다. 그때 우리 가족은 선양과 지린 사이쯤에 있는 청원현 영액문이라는 곳에 살고 있었는데, 이곳에서 선양까지 기차가 다니지 않아 걸어갈 수밖에 없었다. 더욱이 선양에서 안둥(지금의 단둥)까지는 수백 킬로미터를 더 걸어가야 했다.

이 무렵 만주에서는 중국공산당의 8로군과 국민당 군이 격렬하게 전투를 벌이고 있던 와중이었기 때문에 이 길은 아주 위험했다. 8로군 점령 지역을 통과할 때는 8로군 병사가 길을 안내해주고 죽이나 더운 물을 주었기에 안심할 수 있었지만, 국민당 군과 대결하고 있는 최전선에 이르니 "여기부터는 함께 가 줄 수 없으니 조심해서 가시오" 하고는 헤어졌다고 한다. 만주 벌판도 본계호 근처에서 끝나고 거기서부터는 산맥이 이어지는데, 국민당 군이 점령하고 있는 위험 지대가 된다. 어린 누이를 데리고 불안에 떨며 굽이굽이 산을 넘고 강을 건너 이 지대를 통과하는 것은 참으로 어려웠다고 한다.

또 아버지는 1951년 겨울 B29 신의주 대폭격으로 머리털 하나 남기지 않고 일터에서 폭사하셨다는 사실을 알게 되었다. 아우는 포병 장교로 서울 방어전투에 참가했는데, 격전 속에서 부상을 입었다고 했다. 인천 쪽에서 공격해 오는 미군 병사를 뻔히 보고도 포탄이 다 떨어져 포격을 할 수 없어 아우는 분해서 이를 갈았다고 했다. 누이동생도 참전했는데 폭탄 파편이 복부를 찔러 장이 터져 나오는 부상을 입었다. 마침 지나가던 인민군의 트럭에 도움을 받아 목숨을 건질 수 있었다고 했다.

우리 다섯 식구 가운데 한 사람이 죽고 둘이 부상을 당했으니, 당시 전쟁이 얼마나 가혹한 것이었는지 추측하고도 남음이 있다.

가족 4대가 함께 오른 만수대

20여 년 전 누더기를 걸치고 고향을 떠나 눈물로 압록강을 건넌 우리 가족은 조국 해방 뒤에 험한 산을 넘고 강을 건너 위험 지대를 벗어나 비참한 모습으로 또다시 이 강변에 이르렀다. 하지만 이번에는 사정이 전혀 달랐다. 바야흐로 우리 일가를 따뜻하게 맞아 준 어머니 조국이 있었기 때문이다.

나는 1974년에 자식 둘을 귀국시켰는데 둘 다 평양에서 대학을 졸업하고 이제 의사와 대학 교수로 일하고 있다. 결혼해서 손자들도 장성했다. 조선왕조 말기에 태어나 식민지 시대에는 만주를 유랑하며 고생이란 고생은 다 해온 어머니는 평양에서 손자와 증손자들에 둘러싸여 행복하게 살고 있었다. 고난 많은 생애에서 가장 평온한 생활을 보낼 수 있었던 어머니는 늘 "고마운 일이야, 고맙고말고"라고 말씀하셨다.

훗날 2000년 9월 조국에 갔을 때 어머니는 당신이 걸을 수 있을 때 꼭 만수대 언덕에 데려가 달라고 말씀하셨다. 맑고 상쾌한 어느 가을 날, 우리 4대 가족(어머니, 나, 자식, 손자들)은 만수대 언덕을 올랐다. 증손자들이 김일성 주석의 동상에 꽃다발을 바치고 인사를 하는 것을 보면서 어머니는 아주 기뻐하시는 것 같았다.

어머니는 100세를 한 해 앞둔 2006년에 돌아가셨다. 100세가 되면 일본에 있는 손자와 증손자들을 모두 데리고 평양에 가서 잔치를 열자고 가족들끼리 이야기하고 있던 무렵이었다. 어머니는 돌아가시기 전날까지도 저녁을 맛있게 드셨다고 한다. 여느 때와는 달리 아침 일찍 어머니가 일어나지 않아서 방에 들어가 보니 침대에서 잠든 듯이 돌아가셨다고 한다. 병환도 없이 천수를 다하시고 편안히 잠드셨으니 극락왕생하셨으리라.

민족 수난의 나날을 생각하며 우리 일가가 지나온 험난한 길을 되돌아보자니, 그 무엇과도 바꿀 수 없는 조국의 귀중함을 더욱 깊이 느끼게 된다.

2. 재일조선인과 조국통일 투쟁

1945년 8월 15일은 우리 민족이 일본 제국주의에서 해방된 역사적인 날이다. 환희에 들뜨던 때부터 벌써 65년이 넘는 세월이 흘렀다. 하지만 축복받아야 할 해방의 기쁨은 잠깐 사이에 지나가고 말았다. 해방이 되자마자 곧바로 미국의 제안으로 38도선이 그어짐으로써 민족 분단의 비극이 시작되었기 때문이다.

우리 민족은 지금도 계속되는 국토의 분단과 분열에 고통받고 있다. 오늘날 나라 안팎에서 조선 민족이 겪고 있는 모든 불행과 재난은 조국이 분단되어 있기 때문에 비롯되는 것이다.

조련 시대

해방된 뒤 60여 년 동안 재일조선인은 온갖 고난을 무릅쓰고 조국의 통일과 민주적인 민족 권리를 지키기 위해 싸워 왔다.

1945년 10월, 해방 직후 혼란의 와중에 우리가 무엇보다 먼저 조직한 것은 재일본조선인연맹(조련)이다. 재일동포 사회는 해방의 기쁨을 안고 조선 사람이라는 일체감으로 가득 차 있었고, 조련은 근로자와 기업가, 문화예술인, 지식인 등 각계각층 사람들이 사상과 신앙에 구애받지 않고 폭넓게 참가한 유일한 민족 단체로 결성되었다.

하지만 조선에 임시정부를 수립하는 절차를 토의하기 위한 미소공동위원회의 사업을 미국이 파탄시켜 버렸다. 남한에서만 단독 선거를 실시하고 단독 정부를 수립함으로써 조국을 분단시키는 '두 개의 조선' 정책을 미국이 강행하기에 이르러 우리가 간절히 바라던 통일의 꿈은 물거품이 되고 말았다. 재일조선인 사회에서도 곧 일체감을 잃게 되고 균열이 나타나 결국 재일조선인 사회에도 삼팔선이 생겼다. 조련에서 따로 떨어져 나와 재일본조선거류민단(민단)이라는 조직이 생기게 되었다.

민족교육을 지키는 싸움

조선에 대한 미국의 '두 개의 조선' 정책이 강행됨에 따라 재일조선인에 대한 탄압과 박해는 더욱 심해졌다.

첫 대규모 탄압은 한신(阪神, 오사카와 고베) 지방에 있는 조선인 학교에 가한 것이었다. 1948년 4월 24일, 연합국총사령부(GHQ)는 7년간의 일본 점령 기간 내내 한 번도 공포한 적이 없는 '비상사태선언'을 선포하여 고베의 조선인 학교를 무력으로 폐쇄하고 고베 지역에서 동포들을 모조리 잡아가는 무차별적인 '조선인 사냥'을 벌였다.

이어서 4월 26일에는 오사카 부 청사 앞 오테마에공원에서 열린 '민족교육탄압반대 집회'에 참가한 3만 군중에게 발포하여 열여섯 살 소년이 총에 맞아 사망하고 많은 사람이 중경상을 입는 참사가 일어났다. 나는 이 집회에 참가하여 김태일 소년이 쓰러지는 현장 가까이에 있었는데, 민주주의를 지향한다고 하던 전후 일본에서 백주대낮에 합법적인 집회에서 이러한 학살을 저지르

재일본조선인연맹 중앙본부(1946년)

는 것을 목격하고 놀라움과 분노를 억누를 수가 없었다.

조련과 민청의 해산

사실상 1949년에 기미가 보인 조선전쟁을 일으키는 데 앞서 GHQ는 무엇보다도 먼저 후방기지인 일본의 안전을 꾀하기 위해, 민주적 단체와 노동조합을 철저하게 탄압했다. 전국에 '레드 퍼지'(좌익 세력 추방) 선풍이 거세게 불어 시모야마(下山) 사건, 미타카(三鷹) 사건, 마쓰가와(松川) 사건 등 오늘날까지도 진상이 밝혀지지 않고 있는 '일본의 검은 안개'라고 일컫는 기괴한 모략 사건이 잇달아 일어난 것도 이때였다.

1949년 9월 8일, 마침내 GHQ는 공화국을 지지하는 조련과 재일본조선민주청년동맹(민청)을 '이적 단체'로 보고 '단체등규정령'(團體等規正令)에 따라 강제해산했다.

GHQ는 조련 중앙 및 48도도부현 본부, 620지부, 1,214분회를 해산하고, 민청도 중앙과 그 산하 47도도부현 본부 458지부, 306분회를 해산 대상으로 하여 각각 전 재산을 몰수하고 간부를 공직에서 추방하는 등 유례가 없는 탄압을 자행했다. 이어서 조련 산하의 《해방신문》과 《건설통신》도 강제 폐간 처분했다. 이리하여 재일조선인은 조직 전부와 간부, 모든 재산을 빼앗기고 선전기관도 잃어버렸다. 재일조선인은 일본 열도 네 곳의 강제수용소에 옴짝달싹도 못한 채 감금되는 상황에 빠지게 되었다.

조선총련 결성

이렇듯 말할 수 없는 곤경 속에서 재일조선인은 낙심하지 않고 여러 가지 방법을 다하여 조직 재건에 들어갔다. 그리하여 1951년 1월, 재일조선통일민주전선(민전)을 결성하기에 이른다. 그러나 민전은 재일동포가 진정으로 바라는 요구를 실천할 수 없었다. GHQ나 일본 정부 같은 외부의 탄압도 있었거니와, 재일조선인 운동 내부의 지도적 위치에 있던 일부 간부의 잘못된 방침에 따른 것이기 때문이다.

그들은, 재일조선인은 공화국의 해외 공민이 아니라 일본의 '소수민족'이라고 했다. 따라서 재일조선인으로서의 자주적 운동을 전개할 게 아니라 일본 '민주 세력의 일환'으로서 행동해야 한다고 주장했다. 그리고 곧 당면한 투쟁 과제는 '3반투쟁'(반미·반요시다·반재군비)이라고 하여 재일조선인 운동을 그 방향으로 끌고 갔다. 이런 행동은 일본 내정에 간섭하는 것이 된다.

그들은 또 투쟁 방식에서도 당시 일본에 있던 극좌 모험주의 경향을 추종했기 때문에 재일조선인 운동은 많은 희생을 치를 수밖에 없었다.

대중의 요구에서 벗어나 돌출된 극좌 모험주의로 치닫는 운동은 대중의 지지를 받지 못해 고립을 면할 수 없다. 동포 대중뿐 아니라 일본인한테서도 고립된 재일조선인 운동은 조선전쟁이 격화되고 탄압이 몰아치는 와중에 존망의 위기로 몰리고 말았다.

이 중대한 시기에 위기에 직면한 재일조선인 운동에 새로운 발전의 길을 열어 준 것은 김일성 주석의 노선전환 방침이었다. 재일동포는 조선 사람으로서 민주주의적 민족 권리를 지키고 조국의 통일 독립을 실현하기 위하여 투쟁해야 하며, 그렇게 하기 위해서는 새로운 독자의 민족 조직을 결성해 활동해야 한다고 한 주석의 노선전환 방침은 조선총련 결성의 주춧돌이 되었다.

1955년 5월 25일 조선총련이 결성됨에 따라 재일조선인 운동은 온갖 수난과 우여곡절을 극복할 수 있었다. 이때부터 재일조선인 운동은 일본의 내정에 간섭하지 않고 조국의 평화통일과 재일동포의 민주적 민족 권리를 옹호하는 진실로 주체적인 애국애족 운동으로 발전할 수 있게 되었다.

여전히 계속된 박해와 탄압

그러나 조선총련이 결성된 뒤에도 일본 정부의 공화국 적대정책과 재일조선인에 대한 박해와 탄압은 끊임없이 이어졌다. 특히 최근에 와서 탄압 정책은 극에 달하고 있다. 일본 당국은 조선총련 중앙에 대한 강제수사를 강행하고 총련의 각 지방본부와 상공회를 비롯하여 과학, 문화, 연구 단체에 이르기까지 닥치는 대로 탄압을 가하고 인도주의 선박인 '만경봉 92'의 입항까지 금지했다. 이런 상황은 상식을 벗어나는 일이라 아니할 수 없다.

재일조선인 운동 60여 년을 되돌아보면, 해방 전 일본에 강제연행되어 박해와 억압 속에서 고통을 받아 온 재일조선인은 해방 후에도 오늘날에 이르기까지 결코 평온한 길을 걸을 수 없었다.

재일조선인 운동의 역사는 탄압에 맞서 투쟁해 온 역사이다. 해방 이래 60여 년에 이르는 기나긴 운동 과정에는 우여곡절이 없을 수 없다. 하지만 재일조선인은 시종일관 오로지 조국의 통일과 민주적 민족 권리를 요구하며 싸워 왔다. 오늘날 재일조선인 운동의 역사는 미 점령군이나 일본 정부의 어떠한 박해와 탄압도 재일조선인의 강인한 의지를 결코 꺾을 수 없었다는 것을 잘 보여 준다.

3. 인민 대중의 위대한 힘

나는 1986년 2월, 중국 정부의 초대를 받아 금강산가극단과 함께 중국 공연에 참가할 기회를 얻었다. 얼추 40년 만에 찾은 중국에서 나는 크게 변화하고 있는 현실의 이러저러한 면을 둘러보았다. 우리의 공연은 선양에서 시작하여 푸순, 허페이, 상하이, 베이징에 이르는 1만 킬로미터를 넘는 긴 여정이 되었는데, 특히 상하이에서는 느낀 바가 많았다.

상하이 혁명 사적에서

상하이는 해방 전에도 오늘날에도 중국의 정치와 경제의 중심지이다. 중국 근현대사에서 노동자계급이 처음 형성된 곳은 바로 이곳이고, 오늘날의 중국을 통일하여 지도하고 있는 중국공산당이 창립된 곳도 바로 상하이이다.

우리는 상하이에 와서 한층 긴장한 기분으로 공연을 시작했다. 당시 상하이 시 당서기였던 장쩌민 전 국가주석이 우리를 따뜻하게 환영해 주었고, 시의 간부들과 함께 공연을 관람했을 뿐 아니라 환영 만찬까지 차려 주었다. 우리는 공연하는 틈을 타 가까운 농촌에 가서 탁아소 아이들과 놀고 노래도 부르며 즐거운 한때를 보냈고, 쑤저우에도 가서 당나라의 시인 장계(張繼)의 〈풍교야박〉(楓橋夜泊)으로 유명한 한산사(寒山寺)를 둘러봤다.

나는 시의 간부와 함께 중국공산당 창립대회가 열린 사적을 참관할 기회가 있었다. 옛 프랑스 조계에 위치한 그리 눈에 띄지 않는 건물의 넓지 않은 방으로 안내를 받았는데, 그 방이 1921년 7월 23일 중국공산당이 창건된 바로 그 역사적인 장소였다.

1921년이라고 하면 루쉰이 《아큐정전》을 쓴 시기이다. 이 책은 제국주의 침략이 이어지고 군벌의 발호와 부패가 심해지는 상황에서, 반식민지 상태로 전락하여 망국의 위기가 임박해 오고 있음에도, 무기력과 타성에 빠져 살고 있는 중국 민중의 나약함을 통렬하게 지적하였다. "중국 인민이여 눈을 뜨라"고 촉구한 루쉰의 목소리는, 같은 처지에서 제국주의의 가혹한 억압에 신음하던 우리 조선 사람들에게도 중국 인민의 절규처럼 들렸다.

구국의 뜻을 품고 열띤 토의를 벌였을 참가자들 앞에 놓여 있는 12개의 찻잔을 보면서, 또한 루쉰이 한탄하던 지난날의 중국과 오늘날 발전을 거듭하고 있는 중국의 현실을 대비하면서, 나는 중국혁명이 바로 이 자그마한 방에서 시작되고 있었구나 하는 생각이 들었다. 이 방에 모인 선진적인 청년들은 조국과 민족의 장래를 우려하고 아큐처럼 게으름에 빠져 있는 중국 민중을 각성시키는 데 앞장서서 투쟁하고 목숨을 바쳤다. 한 점의 불꽃은 곧 요원의 불길로 타올라 마침내 중국혁명을 완수하고 중국 인민의 운명을 바꾼 역사적 위업을 이룩한 것이다.

억압이 있는 곳에는 저항이 있고 인민 대중의 정당한 요구는 그 어떤 힘으로도 억누를 수 없는 법이다. '스스로 깨닫고 일어서는 민중의 힘은 위대하다'는 진리를 나는 현대 조선의 민족해방

상하이 당서기 장쩌민을 비롯한 간부들과 함께(1986년 2월, 앞줄 왼쪽에서 세 번째가 지은이)

투쟁사를 연구하며 재일조선인 운동에 직접 참여하는 가운데 깊이 배운 바 있다. 그리고 이번에 상하이를 찾음으로써 혁명에서 선구자들의 역할, 그리고 한번 각성한 인민은 역사를 움직이는 위대한 힘을 갖고 있다는 사실에 다시금 깊은 감명을 받았다.

일본 국민의 크나큰 지원을 받고서

해방 후 60여 년 동안 재일조선인 운동을 해오면서 우리는 언제나 일본 국민에게 많은 지원을 받아 왔다. 귀국운동 촉진을 요구하기 위한 오사카-도쿄 대행진 과정 중에 교토 시내로 들어갔을 때, 스에카와 히로시(末川博) 선생이 노구를 이끌고 행진의 선두에 서서 걸어가던 모습은 잊을 수가 없다. 조선대학교 인가 획득을 위한 투쟁에서는 일본 전국의 학자와 문화예술인, 대학, 연구소, 정당, 사회단체, 지자체에서 헤아릴 수 없을 만큼 많은 지원과 격려문을 끊임없이 보내 우리를 지지해 주었다.

'조선의 자주적 평화통일을 지지하는 일본위원회'의 1988년 대회는 사이타마 현의 오미야 시(현재 사이타마 시로 통합)에서 열렸는데, 그때는 칼(KAL)기 추락사건이 일어난 직후여서 미국과 일본 정부가 이 사건을 공화국을 제재하는 데 이용하려고 했고, 언론 매체들도 험악한 분위기를 부추기고 있었다.

지금 한국에서는 이 사건에 대하여 국가안전기획부와 미국의 모략이라는 의혹이 깊어져, 2000년에 들어와서는 유가족이 중심이 되어 진상규명 운동을 벌이고 있다. 당시에는 '공화국의 테러가 아닐까' 하고 반신반의하는 사람도 있었기에 대회 간부들 가운데에서도 대회 성립을 걱정하는 목소리가 나오고 있었다. 그러나 정각에 대회장은 꽉 들어차 활발한 토론은 물론이고 당국에 대한 항의도 터져 나왔다.

나는 이 대회에 초대를 받았는데, 엄혹한 상황에서도 조선의 통일을 지지하는 사람이 이렇게도 많구나 싶어 깊은 감동을 느꼈다. 동시에 대회의 성공을 위하여 이와이 아키라(岩井章) 의장을 비롯한 많은 분들이 얼마나 고생이 많을까 하는 생각도 들었다.

이와이 아키라 의장을 추억하며

이와이 아키라 씨는 400만 노동자를 결집한 일본 노동조합총

평의회(총평) 의장으로서 전후 일본의 노동운동사에 큰 발자취를 남긴 사람이다. 총평 의장을 물러난 뒤로는 일본 전국에 '조선의 자주적 평화통일을 지원하는 일본위원회'를 조직하여 1997년 2월 작고할 때까지 조선과 우호친선, 연대를 강화하는 일에 헌신했다.

이와이 씨가 조선 문제에 깊이 관여한 까닭은 조선의 평화통일 없이 일본의 평화가 없다고 확신하고 있었기 때문이다. 이와이 씨는 평소에 이렇게 말했다. "오키나와나 요코스카를 비롯한 미군기지는 일본을 미국의 아시아 침략 전선에 끌어들일 뿐 아니라 조선의 평화통일을 가로막고 있다. 조선 인민에게 고통을 주고 있는 미·일 반동은 곧 일본의 노동자나 국민을 괴롭히고 있는 원흉이기도 하다. 그렇기 때문에 조선과 일본 두 나라의 인민은 연대를 튼튼히 하여 전쟁에 반대하고 평화를 위해 싸워야 한다."

건강에 문제가 있었음에도 조선과 일본의 연대를 위해 그야말로 땀투성이가 되도록 정열적으로 전국을 다닐 수 있었던 것은 이런 신념이 있었기 때문이라고 생각한다.

이와이 씨는 일본인으로서는 드물게 김일성 주석을 네 차례나 만났고 농촌 현지지도에도 입회하고 있다. 이와이 씨는 오랜 국제 노동운동과 평화 활동을 높이 평가받아 1970년 소비에트연방의 레닌평화상을 수상했다. 그는 사회주의 나라를 두루 다녀 각국의 사정도 잘 알고 있었는데, 관료주의를 없애고 지도자와 인민이 혼연일체가 되어 국가를 운영하는 공화국 같은 사례는 어떤 나라에서도 찾아볼 수 없었다고 말했다.

이와이 씨는 생전에, "일본은 조선을 전혀 모르고 있고 알려고 도 하지 않는다"고 자주 말하곤 했다. 일본은 선입견에 빠지거나 강대국에만 눈을 빼앗기지 말고, 작은 나라인 조선이 어떻게 초 강대국인 미국과 정면으로 맞서 한 걸음도 물러서지 않았는지 조 선의 실정을 잘 연구하여 배울 것은 배워야 한다는 생각을 갖고 있었다.

우리의 재일조선인 운동은 조선과 일본의 친선·우호를 간절히 바라는 이러한 사람들의 지지를 받으며 지금까지 발전해 왔다.

4. 일본인의 역사인식

조선에 대한 멸시는 오늘날에도 여전히 일본 사회에 뿌리 깊이 남아 있지만, 이는 에도 시대에는 찾아볼 수 없었던 것이다. 그것 은 메이지유신 후 '정한론'(征韓論) 속에서 퍼지며 청일·러일전 쟁에서 일본이 승리함으로써 점점 더 커지게 된 사회적 풍조라고 생각된다.

후쿠자와 유키치는, 조선과 중국 같은 뒤처진 나라가 가까이 있다는 것은 일본에게는 매우 불행한 일이라며 일본은 마땅히 이 나라들과 인연을 끊고 서유럽 나라들과 행동을 같이해야 한다는 '탈아입구'(脫亞入歐)를 부르짖었다. 심지어는 조선 사람을 '반야만인'이라고 하는 무례까지 저질렀다.

후쿠자와의 우쭐해 하는 언사는 오랜 세월 관계를 맺어 온 한반도와 일본의 역사를 자의적으로 왜곡하는 것이다. 538년에 불교를 일본에 전해 준 것이 백제였다. 쇼토쿠(聖德) 태자의 평생 스승이 된 혜자(慧慈)는 고구려의 승려였다. 고구려, 백제, 신라 삼국에서 학자와 건축 기술자, 화공 등 '이마키노데히토'(바다를 건너온 기술자)라는 훌륭한 기술을 가진 큰 집단이 일본으로 이주한 것은 6세기부터 7세기에 걸친 시대였다.

저 아득한 시공간을 뛰어넘어 오늘날에도 아름다움의 극치로 사람들의 마음을 사로잡고 있는 호류지(法隆寺) 백제관음을 비롯하여 아스카(飛鳥), 하쿠호(白鳳) 시대의 찬란한 문화를 쌓아 올린 것은 높은 문화와 기술을 가져온 한반도의 이주민이었다.

몇 해 전 일본 천황은 천황 일가가 백제계 사람과 인연이 있다고 말한 바 있는데, 이들 한반도 이주민들이 이룩한 정치, 경제, 문화적 영향이나 역할을 빠뜨리고는 당시 일본의 사회나 역사의 발전은 생각할 수 없다고 해도 지나치지 않을 것이다.

도요토미 히데요시(豊臣秀吉)의 조선 침략에 병사를 보내지 않은 도쿠가와 이에야스(德川家康)는 1609년 조선과 기유조약(己酉條約)을 맺어 히데요시의 침략 이래로 단절된 조선과의 관계를 회복시켰다. 에도 시대는 300년 가까이 조선과 일본의 관계를 평온하게 이어 간 시기였다. 에도 시대에 일본은 쇄국정책을 폈다고 하지만, 기독교 국가들에만 문호를 닫아걸었지 조선이나 중국과의 관계까지 단절하지는 않았다. 그 무렵 열두 차례에 걸친 조선 통신사의 왕래에서도 볼 수 있다시피 문화 교류가 활발하게 이루어지고 있었다.

조선통신사는 요즘으로 치면 문화·경제 교류를 목적으로 한 친선 외교사절단이라고 말할 수 있는데, 거기에는 당대의 석학과 의학자 등 많은 이들이 참가하여 높은 학식이나 기술을 일본에 전했다.

도쿠가와 막부는 일본 전국의 영주(大名)를 다 동원하여 조선 통신사 접대에 정성을 다했다. 에도 시대에 일본의 의사들이 귀하게 여긴 의학 서적은 조선에서 전해진《동의보감》이었고, 요즘 텔레비전 시대극에서도 자주 나오다시피 가장 귀한 보약은 고려 인삼이었다.

한반도와 일본의 오랜 역사를 뒤돌아보자면, 조선은 일본에 수준 높은 문화를 전하고 친선과 교류에 노력했지, 일본을 위협하거나 침략한 적은 한 번도 없다. 조선에 대한 까닭 없는 멸시는 메이지유신 이래 일본이 조선과 아시아를 침략하는 과정에서 형성된 풍조이다.

식민 지배를 합리화하는 망언

1953년 제3차 한일회담의 수석대표 구보타 간이치로(久保田貫一郎)는 "36년 동안의 조선 지배로 조선 인민이 노예적 상황에 놓여 있었다고 하는 표현은 타당하지 않다. 총독부 정치는 한국 경제에 기여했다고 생각한다"고 공언했다.

1958년 제4차 한일회담의 수석대표 사와다 겐조(沢田廉三)는 "일본은 세 번째로 다시 떨쳐 일어나 38도선을 압록강 밖으로 밀어 올리지 않는다면 선조들에게 면목이 없습니다"라고까지 말했다. 여기서 말하는 세 차례라는 것은 청일전쟁과 러일전쟁을 잇겠다는 뜻인데, 조선 재침략에 관해 이토록 또렷하게 말한다는 것은 군국주의적 사고가 여전히 그대로 남아 있고 일본 지배계급의 속마음과 의도를 반영하고 있다고 생각된다.

1965년 제7차 회담에서 일본 측 수석대표로 나간 다카스기 신이치(高杉晋一)도 "일본은 좋은 일을 했다고 생각한다. 일본이 사과해야 한다는 말은 타당하지 않다. 20년 더, 일본이 조선을 차지했으면 좋았을 것이다. 창씨개명은 조선인을 동화하여 일본인과 똑같이 대우하려고 한 조치로서 나쁘다고만 할 수 없다"고 발언했다.

이런 발언에 공통된 것은 조선에 대해 일본 제국주의가 과거 저지른 죄악에 관한 역사인식이 전혀 없다는 점이다. 이 사람들 머릿속은 토지조사사업, 종군위안부와 강제연행, 창씨개명 같은 조선 사람에게 끼친 고통과 불행에 관해서는 아무런 생각도 없는 것이다.

지폐에 나타난 역사인식

일본 지폐를 보면서도 똑같은 생각이 든다. 지폐에 인쇄된 초

상으로 보통 건국의 공로자, 뛰어난 문화예술인이나 과학자가 등
장하는 경우는 많지만, 일본에서는 이토 히로부미(伊藤博文), 이타
가키 다이스케(板垣退助), 후쿠자와 유키치, 심지어 니토베 이나조
(新渡戶稻造)까지 등장한다.

이토 히로부미는 일본에서 메이지유신의 일등공신으로 치지
만, 조선에서는 을사5조약을 강요하고 초대 통감으로 군림한 침
략의 장본인이자 증오스러운 원수이다. 내가 소학교에 다닐 무렵
하얼빈 역에서 이토 히로부미를 조선의 이름으로 처단한 안중근
의 반일 의거를 칭송한 숫자 노래가 유행하고 있었다.

일 – 일본의, 이 – 이등박문이, 삼 – 삼천리강산을 삼키려다
가……. 노래는 10번까지 이어지는데 여자아이들도 공놀이를 하
면서 선생한테 들키지 않게 노래했다.

그 이토 히로부미에 이어 정한론을 주장한 이타가키 다이스케,
탈아론을 부르짖은 후쿠자와 유키치, 과거 5천 엔짜리 지폐에는
《망국》(亡國),《고사국 조선》(枯死國朝鮮) 같은 책을 써서 조선을
모욕하고 침략을 정당화한 니토베 이나조까지 잇달아 지폐의 초
상으로 인쇄되었다.

일본에는 노벨 물리학상을 받은 유카와 히데키(湯川秀樹), 저명
한 식물학자 마키노 도미타로(牧野富太郎) 같은 뛰어난 과학자도
있고, 반전 평화를 주장한 우치무라 간조(內村鑑三) 같은 인물도
있는데, 하필이면 조선과 아시아 침략의 원흉이자 주도자를 잇달
아 지폐의 초상으로 올리고 있는지는 아무리 생각해도 이해가 되

지 않는다.

평화 민주국가를 지향한다고 하는 일본이 이웃 나라들에 큰 재
해와 불행을 입히고 자기 나라도 결국 파국으로 이끈 인물들을
화폐에 등장시키는 것은, 전후에도 변함없이 그들을 칭송하고 있
다는 것을 의미한다.

조선 사람을 '반야만인'이라고 모욕하고 조선과 중국이 이웃
나라라는 사실이 일본에게 불행한 일이라고 한 후쿠자와 유키치
의 초상이 1만 엔 지폐에 인쇄되어 발행되었을 때 남북한과 중국,
대만에서 격렬한 반발이 일어났다. 이런 사실은 일본 정부가 이
웃 나라들의 국민감정에 대한 배려는커녕 역사인식마저 결여되
어 있다는 명백한 사례이다.

'침략'은 정당화될 수 없다

요즘도 일본의 보수 정치가 가운데에는 이처럼 역사인식이 결
여된 입장이나 태도를 보이는 사람이 많다. 이런 상태가 언제까
지나 계속된다면 한반도와 일본의 진정한 이해와 친선, 상호 신
뢰 관계를 되찾는 일은 어려울 것이다.

패전 당시, 특고 간부였던 오쿠노 세이스케(奧野誠亮)는 "일본
은 창씨개명으로 조선 사람을 잘 대우하려고 노력했을 따름이지,
식민지 지배를 할 생각은 조금도 없었다"(1995년 4월 1일)고 발언
했다. 그는 창씨개명이 조선 사람에게 그 무슨 은혜라도 베풀었
다는 듯이 식민지 지배를 부정했다. 엄연한 역사적 사실을 무시

한 뻔뻔스러운 발언은 지금도 일본에서 흔히 들을 수 있다.

자민당 전 총리 아소 다로(麻生太郎)는 또 "조선 사람은 스스로 창씨개명을 요구했다"고 말하기도 했다. 아소 다로는 일주일에 만화책을 열 권이나 읽는 만화광으로도 유명하다. 아소의 이런 망언은 도무지 역사인식이라고는 찾아볼 수 없는 황당한 이야기이다. 아소 가문은 증조부 아소 다키치(麻生太吉)가 일으킨 아소광업을 중심으로 한 기타큐슈의 재벌인데, 식민지 시기 조선 노동자를 혹사하면서 돈을 벌었다.

일본 후생노동성 자료에 따르면, 전시에 그곳에 징용으로 강제 연행된 조선 노동자 수가 미쓰이광산에 버금가는 10,623명이나 된다. 아소광업 계열 탄광에서 전시에 사고로 죽은 조선 노동자가 많음에도, 제출된 희생자 명부에 기록된 것은 극히 일부에 지나지 않는다는 사실이 최근 밝혀졌다. 고향으로 돌아가 가족과 함께 살고 싶었을 희생자들의 원통한 넋은 오늘날도 기타큐슈 광산의 땅 깊은 곳에 묻혀 있다. 아소 다로는 이 사실을 정말 모른다고 할 수 있을까?

한국의 진상규명조사위원회가 탄광으로 강제 연행된 희생자에 대한 자료 제공을 일본 정부에 요청한 적이 있다. 당시 협조를 거부한 장본인은 다름 아닌 외상 아소 다로였다. 이런 행태는 과거의 죄악을 낱낱이 밝혀 청산하는 것이 두렵기 때문이라고밖에 볼 수 없다.

5. 통일의 여명을 앞두고

우리 재일조선인 1세의 간절한 소망은 식민지 지배 아래에서 벌어진 비참한 경험과 굴욕을 두 번 다시 되풀이해서는 안 된다는 것이며, 어떤 일이 있더라도 분단된 조국을 이대로 후세에 물려줄 수는 없다는 것이다. 우리는 새로운 세대가 통일된 민족의 자긍심을 가지고 당당하게 세계에서 활약하는 날이 오기를 바랄 따름이다.

해방 이래 60년이 넘도록 나는 조국통일을 한결같이 염원했고 그것을 실현하는 데 작은 힘이나마 동포들과 더불어 노력해 왔다. 나는 통일의 역사를 새기는 시대 흐름 속에서 고난은 있었지만 민족과 조국을 사랑하는 영광스러운 길을 걸어온 것을 자랑스럽게 여긴다.

미국의 카터, 클린턴 전 대통령이나 오바마 대통령 특사가 평양을 방문하고 있으며, 반세기 넘게 격심하게 대결해 온 조미 관계는 새로운 국면으로 접어들고 있다. 복잡하고 곤란한 문제가 오랫동안 겹겹이 쌓여 있는 조미 관계는 앞으로도 우여곡절이 있으리라고 생각된다. 하지만 미국이 적대정책을 그만두고 진지한 대화 노력을 한다면, 한반도 문제의 기본적인 장애가 되고 있는 조미 간의 적대 관계는 차차 풀려 갈 테고 또 그럴 수밖에 없는 시기에 접어들고 있다고 생각한다.

'우리 민족끼리' 정신을 높이 든 북과 남의 정상이 발표한 역사

2000년 6 · 15 정상회담

적인 6 · 15 공동선언(2000년)과 그 실천 강령인 10 · 4선언(2007
년)이 발표됨으로써 북남 관계에는 해방 이래 유례가 없는 큰 변
화가 일어나고 있다. 반통일 세력의 저항이 거세지만 도도한 시
대의 흐름을 거꾸로 되돌릴 수는 없는 일이다.

남북을 막론하고 오늘날 민중이 절실히 요구하는 것은 서로 화
해하고 협력하는 길이지 대립과 불화가 계속되는 것은 절대로 아
니다.

우리 민족의 문제는 우리 스스로 해결해야 한다. 엄연한 역사
가 보여주는 바와 같이 외세가 우리 문제를 공짜로 도와준다는
것은 있을 수 없다. 조국통일은 우리의 힘으로 이룩해야 하며 우
리 민족은 그런 힘을 충분히 가지고 있다.

통일을 향한 어려운 투쟁은 지금도 계속되고 있지만, 기나긴 고난의 역사를 걸어온 우리 앞길에 통일 조국의 여명이 다가와 있음을 나는 확신한다.

　어깨를 걸고 질풍노도의 시대를 함께 싸워 온 많은 친구들은 조국통일의 여명이 밝아 오는 전환의 시대를 보지 못하고 세상을 떠났다. 살아남은 나도 이제 나이를 많이 먹었다. 내 생애에 허용된 시간은 얼마 남지 않았지만, 늘 몸과 마음을 꼿꼿이 세우고 똑바로 앞날을 내다보며 조국통일의 영광스런 한길을 변함없이 걸어가리라 마음을 다지고 있다.